El banquete o sobre el amor

Filosofía

Platón

El banquete o sobre el amor

Traducción de Luis Roig de Lluis
Introducción de Carlos García Gual

ESPASA

Obra editada en colaboración con Editorial Planeta – España

Traducción de Luis Roig de Lluis

Composición: Realización Planeta
Diseño de portada: Planeta Arte & Diseño / David López
Ilustraciones de portada: © Gettyimages

Bajo el sello editorial BOOKET M.R.
Avenida Presidente Masaryk núm. 111,
Piso 2, Polanco V Sección, Miguel Hidalgo
C.P. 11560, Ciudad de México
www.planetadelibros.com.mx
www.paidos.com.mx

Primera edición impresa en España: septiembre de 2025
ISBN: 978-84-670-7870-1

Primera edición impresa en México en Booket: febrero de 2026
ISBN: 978-607-639-165-5

Impreso en Operadora Quitresa S.A. de C.V.
Goma 167, Granjas Mexico, Iztacalco,
Ciudad de México, C.P. 08400
Impreso en México – *Printed in Mexico*

Biografía

Filósofo griego nacido en el seno de una familia aristocrática, Platón (427 a. C. – 347 a. C.) fue alumno de Sócrates y maestro de Aristóteles. A la muerte de este, comenzó una etapa de viajes, en los cuales conoció el pitagorismo, filosofía que tendrá una gran influencia en las teorías y el conocimiento de Platón. Desterrado en varias ocasiones por razones políticas, puesto que intentaba imponer su ideal filosófico en las ciudades, regresó a Atenas y fundó la Academia. Participó activamente en la enseñanza y escribió sobre diversos temas filosóficos, especialmente los que trataban de la política, ética, metafísica y epistemología. El conjunto de las obras más famosas de Platón se ha denominado *Diálogos*, debido a su estructura dramática de debate entre interlocutores. A diferencia de Sócrates, que no dejó obra escrita, los trabajos de Platón se han conservado casi completos y se le considera por ello el fundador de la Filosofía académica. Entre sus obras más importantes se encuentran *La República*, en la cual elabora la filosofía política de un estado ideal; el *Fedro*, en el que desarrolla una compleja e influyente teoría psicológica; y el *Timeo*, un prestigioso ensayo de cosmogonía, cosmología racional, física y escatología, influido por las matemáticas pitagóricas.

Argumento

El asunto de este diálogo es el amor.

He aquí el preámbulo del que ningún detalle es indiferente. El ateniense Apolodoro refiere a personajes que no se nombran lo ocurrido en un banquete dado a Sócrates, Fedro, el médico Erixímaco, el poeta cómico Aristófanes y otros invitados por Agatón, cuando fue premiada su primera tragedia. Apolodoro no concurrió a aquella cena, pero conoció todos los detalles por un tal Aristodemo, uno de los convidados, cuya veracidad pudo comprobar con el testimonio del mismo Sócrates. Y estos detalles están muy presentes en su memoria porque hace poco ha tenido ocasión de contarlos. Los aparentemente más sencillos tienen su importancia. Los convidados se han reunido ya en casa de Agatón; Sócrates es el único que se está haciendo esperar. Se le ve dirigirse muy pensativo a la morada de su anfitrión y detenerse largo rato inmóvil y abstraído a pesar de que reiteradamente se le llama mientras comienza la cena. ¿No es esta una imagen sensible de su frugalidad proverbial y de su decidida inclinación a la meditación más que a la actividad exterior que distrae a los demás hombres? Entra en casa de Agatón hacia el final de la cena y su llegada imprime a la reunión un carácter de sobriedad y de gravedad desusadas. Por indicación de Erixímaco acuerdan los comensales beber con moderación, despedir a la flautista y entablar una conversación. ¿De qué se hablará? Del amor, asunto favorito de Platón. ¡Qué arte de preparar el espíritu a la teoría que sin esfuerzo va a desarrollarse, pero con una consecuencia lógica en el discurso que cada uno de los concurrentes han de pronunciar acerca del amor! ¡Y qué cuidado para precaver de la monotonía al conservar estos sutiles discursantes la manera de pensar y de decir más conveniente al carácter y a la profesión de cada uno! Fedón habla como un joven, pero como un joven cuyas pasiones han sido ya purificadas por el estudio de la filosofía; Pausanias, como hombre maduro al que la edad y la filosofía han enseñado lo que no saben los jóvenes; Erixímaco se explica como médico; Aristófanes tiene la elocuencia del poeta cómico ocultando tras sus palabras bufas profundos pensamientos; Agatón se expresa como poeta, y, por último, después de todos, y cuando la teoría se ha ido elevando gradualmente, la completa Sócrates y la expresa en el maravilloso lenguaje de un sabio y de un inspirado.

Fedro es el primero que toma la palabra para hacer del amor un elogio de un carácter muy loable. Este panegírico es el eco de la opinión de un corto número de hombres a los que una educación liberal ha capacitado para juzgar el amor libre de toda sensualidad grosera, y en su acción moral. El amor es un dios y un dios muy antiguo, puesto que ni los prosistas ni los poetas han podido nombrar ni a su padre ni a su madre, lo que significa sin duda que no es fácil explicar su origen sin estudios. Es el dios que más favorece a los hombres, porque no tolera la cobardía en los amantes y siempre les inspira la abnegación. Es como un principio moral que gobierna la conducta surgiendo a todos los hombres la vergüenza de lo malo y la pasión del bien. «De manera que si por cualquier encantamiento un Estado o un ejército pudieran estar compuestos únicamente de amantes y de amados no existiría pueblo alguno que extremara tanto el horror al vicio y la emulación a la virtud.» En fin, es un dios que labra la felicidad del hombre al hacerlo dichoso en la Tierra y en el cielo, donde todo el que ha practicado el bien encuentra su recompensa. «Infiero, dice Fedro, que de todos los dioses es el Amor el más antiguo, el más augusto y el más capaz de hacer al hombre virtuoso y feliz durante la vida y después de la muerte.»

Pausanias es el segundo que habla. Empieza corrigiendo lo que hay de excesivo en este elogio entusiasta; precisa la cuestión después y coloca la teoría del amor en la entrada de su verdadera vía, de una investigación filosófica. El Amor no puede ir sin Afrodita, es decir, no se explica sin la belleza, primera indicación del lazo tan estrecho que unirá al Amor con lo bello. Hay dos Afroditas; la una, antigua, hija del Cielo, y que no tiene madre, es Afrodita Urania o celestial; la otra, más joven, hija de Zeus y de Dione, es la Afrodita popular. Hay, pues, dos Amores correspondientes a las dos Afroditas: el primero sensual, popular, no se dirige más que a los sentidos; es un amor vergonzoso que es preciso evitar. Pausanias, después de señalar, en cuanto comenzó a hablar, este punto olvidado por Fedro, y satisfecho después de haber dicho estas palabras, no vuelve a ocuparse de él en la continuación de este discurso. El otro amor se dirige a la inteligencia, y por esto mismo al sexo que participa de más inteligencia, al sexo masculino. Este amor es digno de ser buscado y honrado por todos. Pero exige para ser bueno y honorable varias condiciones difíciles de reunir en el amante. Este no debe consagrar su afecto a un amigo demasiado joven, porque no podrá prever cómo serán más adelante el cuerpo y el espíritu de su amigo; el cuerpo puede deformarse con el crecimiento y el espíritu corromperse; es de prudentes evitar estas equivocaciones buscando jóvenes con preferencia a los niños. El amante debe conducirse en su trato con su amigo observando las reglas de la honorabilidad: «Es deshonesto acordar sus favores a un hombre vicioso con malos fines». Y no lo es menos el ceder a un hombre rico y poderoso por el afán del lucro o de honores. El amante debe amar el alma y el alma la virtud. El amor tiene por fundamento un cambio de servicios recíprocos entre el amante y el amigo con el fin de «hacerse mutuamente felices». Estas reflexiones, cada vez más acentuadas de Pausanias, han separado el elemento de la cuestión, que quedará siendo el objeto de todos los demás discursos; elemento a la vez psicológico y moral, dispuesto a transformarse y a incrementarse más.

El médico Erixímaco que discursea el tercero guarda en su manera de enfocar el tema del amor, en la naturaleza del desarrollo que da a su pensamiento y hasta en su dicción todos los rasgos familiares propios de su sabia profesión. Acepta desde el principio la diferencia de los dos amores indicada por Pausanias, pero va más allá que él. Se propone establecer que el amor no reside únicamente en el alma de los hombres, sino que está en todos los seres; lo considera como la unión y la armonía de los contrarios y prueba la verdad de su definición con los ejemplos siguientes: el amor está en la Medicina en el sentido de que la salud del cuerpo resulta de la armonía de las cualidades que constituyen el buen y el mal temperamento. El arte de un buen médico es tener la habilidad de restablecer esta armonía cuando está perturbada y mantenerla. El amor existe en los elementos, puesto que es necesario el acuerdo de lo seco y lo húmedo, de lo caliente y lo frío, naturalmente contrarios, para producir una temperatura moderada. ¿No hay también amor en la música: esta combinación de sonidos opuestos, de lo grave y de lo agudo, de lo lleno y lo sostenido? Lo mismo puede decirse de la poesía, cuyo ritmo solo es debido a la unión de las breves y las largas. Lo mismo también de las estaciones, que son el feliz temperamento de los elementos entre sí, un acorde de influencias, cuyo conocimiento es el objetivo propio de la Astronomía, y lo mismo también finalmente de la adivinación y la religión, puesto que su objeto es el mantenimiento en una proporción conveniente de lo que hay de bueno y de vicioso en la naturaleza humana y el que los dioses y los hombres vivan en buena inteligencia. El amor, pues, está en todas partes; funesto y perverso cuando los elementos opuestos rehúsan unirse y existe el predominio de uno de ellos, que los hace sustraerse a la armonía; bueno y saludable cuando esta armonía se produce y mantiene. Es fácil de ver que el rasgo saliente de este discurso es la nueva definición del amor: la unión de los contrarios. La teoría se ha ampliado y abre ya ante el espíritu un vasto horizonte, puesto que desde el dominio de la filosofía en la que estaba encerrada en el principio tiende a abarcar por entero todo el orden de las cosas físicas.

Aristófanes, que cuando tuvo que hablar cedió su vez a Erixímaco, sin duda porque lo que él tenía que decir del amor debía ligarse mejor con el lenguaje del célebre médico, siguiéndolo más que precediéndolo, entra en un orden de ideas que parecen diametralmente opuestas y que en el fondo concuerdan entre sí. Para confirmar su opinión y a su vez dar pruebas completamente nuevas de la universalidad del amor imagina una mitología sumamente extraña a primera vista.

En los tiempos primitivos hubo tres especies de hombres: unos que eran todo hombre, otros todo mujer y los terceros hombre y mujer: los Andróginos, especie del todo inferior a las dos primeras. Estos hombres eran todos dobles: dos hombres unidos, dos mujeres unidas y un hombre y una mujer unidos; su unión se verificaba por la piel del vientre, tenía cuatro brazos y cuatro piernas, dos caras en una misma cabeza, opuestas la una a la otra y vueltas del lado de la espalda, los órganos de la generación dobles y colocados en el mismo lado de la cara a la terminación de la espalda. Los dos seres así unidos, llenos de amor el uno por el otro, engendraban a sus semejantes no uniéndose, sino dejando caer la semilla a tierra como las cigarras. Esta raza de hombres era fuerte, se volvió orgullosa, atrevida y osada, hasta el punto de que, como los gigantes de la fábula, trató de escalar el cielo. Para castigarla y disminuir su fuerza resolvió Zeus dividir a estos hombres dobles. Empezó por cortarlos en dos, encargando a

Apolo que curara la herida. El dios arregló el vientre y el pecho, y para humillar a los culpables les volvió la cara hacia el lado por donde se había hecho la separación, a fin de que tuvieran siempre ante los ojos el recuerdo de su fracasada aventura. Los órganos de la generación habían quedado en el lado de la espalda, de manera que cuando las mitades separadas, atraídas por el ardor del amor, se acercaban la una a la otra, no podían engendrar y la raza se perdía. Intervino Zeus, pasó delante aquellos órganos e hizo posibles la generación y la reproducción. Pero desde entonces se verificó la generación por la unión del varón con la hembra y la saciedad separó uno del otro a los seres del mismo sexo primitivamente unidos. Mas han guardado en el amor que sienten el uno por el otro el recuerdo de su antiguo estado; los hombres nacidos de los hombres dobles se aman entre sí, como las mujeres nacidas de las mujeres dobles también se aman unas a otras, como las mujeres nacidas de los Andróginos aman a los hombres y los hombres nacidos de estos mismos Andróginos sienten el amor a las mujeres.

¿Cuál es el objeto de este mito? Aparentemente, explicar y calificar todas las especies del amor humano. Las conclusiones que se deducen de este doble punto de vista están profundamente marcadas por el carácter de las costumbres griegas en la época de Platón, que contradicen en absoluto a los sentimientos que el espíritu moderno y el cristianismo han hecho prevalecer. Porque si se toma por punto de partida la definición de Aristófanes, que el amor es la unión de los semejantes, se llega a la conclusión de que el amor del hombre a la mujer y de la mujer al hombre es el más inferior de todos, puesto que es la unión de dos contrarios. Hay, pues, que poner por encima de él el amor de la mujer a la mujer buscado por las tribadas, y por encima de estos amores, el del hombre al hombre, el más noble de todos. No es solamente el más noble, sino el único amor verdadero y durable. Por esto, cuando las dos mitades de un hombre doble que se buscan incesantemente llegan a encontrarse, comparten al instante el amor más violento e indisoluble que los vuelve a su primer estado. Y en esto es en lo que el sentir de Aristófanes se acerca al sentimiento de Erixímaco. Hay, en efecto, entre ellos este punto común: que el amor, considerado una vez como la armonía de los contrarios y otra como la unión de los semejantes, es en todos los casos el deseo de la unidad; es una idea que lleva a la metafísica la teoría de la psicología y de la física.

Agatón hace a su vez uso de la palabra. Es poeta y hábil retórico; por esto exhala su discurso un perfume de elegancia. Anuncia que va a completar lo que todavía falta a la teoría del amor, preguntándose primero cuál es su naturaleza y después sus defectos según esta. Amor es el más venturoso de los dioses; es, pues, de naturaleza divina. ¿Y por qué el más venturoso? Porque es el más hermoso, escapándose siempre de la vejez y siendo compañero de la juventud. Es el más tierno y el más delicado, porque escoge para residencia el alma del hombre, que es lo más delicado y tierno que hay después de los dioses; también es el más sutil, porque si no no podría, como lo hace, introducirse en todas partes, penetrar en todos los corazones y salir del mismo modo, y el más gracioso, porque jamás va sin la belleza, fiel al viejo adagio de que el amor y la fealdad siempre están en guerra.

Amor es el mejor de los dioses porque es el más justo, ya que nunca ofende ni es ofendido; el más temperante, puesto que la templanza consiste en dominar los placeres y no hay ninguno superior al amor; el más fuerte porque venció al mismo Ares, el dios de la Victoria, y el más hábil, en fin, porque forma él a su antojo a los poetas y a los artistas y es el maestro de Apolo, de las Musas, de Hefesto, de Atenea y de Zeus. Después de esta ingeniosa pintura de la naturaleza del amor quiere Agatón, como se lo ha prometido a sí mismo, celebrar sus beneficios, y lo hace en una brillante peroración impregnada de esta elegancia un poco amanerada que caracterizaba su talento y de las que Platón parece haber querido dar una copia fiel y ligeramente irónica. «La elocuencia de Agatón, hace decir a Sócrates, me recuerda a Gorgias.»

Todos los comensales han expresado libremente sus ideas acerca del amor; Sócrates es el único que no ha despegado los labios. No le falta razón para hablar el último; evidentemente es el intérprete directo de Platón, y es precisamente en su discurso donde hay que buscar la verdad platónica. Por tanto, se compone este de dos partes: la una, crítica, en la que Sócrates rechaza lo que no le parece admisible en todo lo dicho anteriormente, sobre todo en el discurso de Agatón; la otra, dogmática, en la que, conservando la división de Agatón, da su propia opinión acerca de la naturaleza y de los efectos del amor. Helas aquí en análisis:

El discurso de Agatón es hermosísimo, pero quizá más penetrado de poesía que de filosofía y más engañador que verídico. Sostiene, en efecto, que el Amor es un dios, que es hermoso y bueno, pero nada de esto es verdad. El amor no es hermoso porque no posee la belleza, puesto que la desea y solo se desea lo que no se tiene. Tampoco es bueno por la razón de que todas las cosas buenas son bellas, y lo bueno es de una naturaleza inseparable de lo bello. Se deduce que el amor no es bueno puesto que no es bello. Queda por probar que no es dios. Aquí, y por un artificio de compensación que se asemeja a una especie de protesta implícita contra el papel hasta este momento completamente sacrificado de la mujer en esta conversación acerca del amor, pone Platón sus opiniones en boca de una mujer, la extranjera de Mantinea, que las expresa y no Sócrates.

De boca de Diotima, «maestra en amor y en muchas otras cosas», declara Sócrates haber aprendido todo lo que sabe referente al amor. Ella empezó por hacerle saber que el amor no es hermoso ni bueno como él ha probado, y por consiguiente, que no es dios. Si en efecto fuera dios, sería hermoso y bueno, porque los dioses, a los que nada les falta, no pueden estar privados de bondad ni de belleza. ¿Quiere decir esto que el amor sea un ser malo y feo? No puede deducirse necesariamente, porque entre la belleza y la fealdad y entre la bondad y la maldad hay un término medio lo mismo que entre la ciencia y la ignorancia. Pues ¿qué es entonces? El amor es un ser intermedio entre lo mortal y lo inmortal, en una palabra, un demonio.[1] La función de un demonio es servir de intérprete entre los dioses y los hombres, llevando de la Tierra al cielo el homenaje y los votos de los mortales, y del cielo a la Tierra las voluntades y los beneficios de los dioses. Como demo-

1. Tradúcese así el concepto de *daímon*, divinidad intermedia. Conviene no añadir al término la connotación cristiana de «demonio» como ser maligno.

nio, mantiene el amor la armonía entre la esfera humana y la divina y aproxima estas naturalezas contrarias; en unión de los otros demonios, es el lazo que une el gran todo. Esto es lo mismo que decir que el hombre se eleva hasta Dios por el esfuerzo del amor; es el fondo presentido del verdadero pensamiento de Platón, pero todavía falta desarrollarlo y aclararlo.

¿De qué serviría conocer la naturaleza y la misión del amor si se debieran ignorar su origen, su objeto, sus efectos y su fin supremo? Platón no ha querido dejar en la duda estas preguntas. El Amor fue concebido el día del nacimiento de Afrodita y es hijo de Poros, el dios de la Abundancia, y de Penía, la diosa de la Pobreza; esto explica a su vez su naturaleza semidivina y su carácter. De su madre ha heredado el ser pobre, delgado, desvalido, sin hogar y mísero, y de su padre el ser varón, emperador, fuerte, cazador afortunado y siempre sobre la pista de lo bueno y lo bello. Es apasionado por la sabiduría, que es buena y bella por excelencia, no siendo bastante sabio para poseerla ni bastante ignorante para creer que la posee. Su objeto, en último análisis, es lo bello y lo bueno, que Platón identifica en una sola palabra: la belleza. Pero es preciso comprender bien lo que es amar lo bello: es desear apropiárselo y poseerlo siempre para ser feliz. Y como no hay hombre que no aspire a su propia felicidad y no la busque, es preciso distinguir entre todos quién es aquel a quien se le aplica esta caza tras la felicidad en la posesión de lo bello. Es el hombre que aspira a la producción en la belleza según el espíritu. Y como no se juzga perfectamente dichoso más que con la seguridad de que esta producción debe perpetuarse sin interrupción y sin fin, se deduce que el amor verdaderamente no es más que el deseo mismo de la inmortalidad, que es la única inmortalidad que es posible al hombre según el cuerpo, y que se produce por el nacimiento de hijos, por la sucesión y sustitución de un ser joven a uno viejo. Este deseo de perpetuarse es la razón del amor paternal, de esta solicitud para asegurar la transmisión de su nombre y de sus bienes. Pero por encima de esta producción y de esta inmortalidad, según el cuerpo, están aquellas que se logran según el espíritu. Estas son lo propio del hombre que ama la belleza del alma y que trata de inculcar en un alma bella que le ha sucedido los rasgos inestimables de la virtud y del deber. Esta perpetúa la sabiduría cuyos gérmenes existían en él, y así se asegura una inmortalidad muy superior a la primera.

Las últimas páginas del discurso de Sócrates están consagradas a señalar la serie de esfuerzos por los cuales el amor se eleva gradualmente hasta su fin supremo. El hombre poseído de amor se siente atraído al principio por un cuerpo hermoso y después por todos los cuerpos, cuyas bellezas son todas hermanas las unas de las otras. Este es el primer grado del amor. En seguida se enamora de las almas bellas y de todo lo que en ellas es bello, acciones y sentimientos. Atraviesa este segundo grado para pasar de la esfera de las acciones a la inteligencia; en esta se siente apasionado de todas las ciencias, cuya belleza le inspira con inagotable fecundidad los pensamientos más elevados y todos los grandes discursos que constituyen la filosofía. Pero entre todas las ciencias hay una que cultiva por completo toda su alma, y es la ciencia misma de lo bello, cuyo conocimiento es el colmo y la perfección del amor. ¿Y qué es esto tan bello, tan codiciable y tan difícil de alcanzar? Es la belleza en sí, eterna y divina, la única belleza real de la que todas las otras son solo un mero reflejo: iluminado por su luz pura inalterable, hombre afortunado entre muchos a quienes les es dado contemplarlo al fin, siente nacer en él, y engendra en los otros, toda clase de virtudes; este hombre es verdaderamente dichoso y verdaderamente inmortal.

Después del discurso de Sócrates parece que se ha dicho cuanto pudo decirse acerca del amor y que el banquete debe terminar. Pero a Platón le pareció bien poner en un relieve inesperado la altura moral de su teoría por el contraste con la bajeza de los afectos ordinarios de los hombres. He aquí el motivo de que de repente se vea llegar a Alcibíades medio borracho, la testa coronada de hiedra y violetas, acompañado de tocadoras de flauta y de un tropel de amigos embriagados. ¿Qué significa esta orgía en medio de estos filósofos? ¿No pone ante los ojos, según las expresiones de Platón, el eterno contraste entre la Afrodita celestial y la Afrodita popular? Pero el ingenioso autor de *El Banquete* saca de ello otro poderoso efecto. La orgía, que amenazaba ser contagiosa, cesa como por encanto en el momento en que Alcibíades reconoce a Sócrates. ¡Qué imagen del poder del genio y de la superioridad de esta moral de Sócrates en el discurso en que Alcibíades hace contra su voluntad el más magnífico elogio de este encantador y revela su afecto a la persona de Sócrates, su admiración ante aquella razón superior y serena y la vergüenza de sus propios extravíos!

Cuando Alcibíades acaba de hablar, comienza a circular la copa entre los invitados, que sucesivamente van sucumbiendo a la embriaguez. Sócrates, solo, invencible, porque su pensamiento, separado de estos desórdenes, preserva de ellos su cuerpo, se entretiene hablando de diversos asuntos con los que resisten, hasta las primeras horas del día. Entonces, y cuando todos los comensales se han rendido al sueño, abandona la morada de Agatón para ir a entregarse a sus ocupaciones cotidianas: última imagen de esta alma esforzada que la filosofía había inmunizado contra las pasiones.

Carlos García Gual

El banquete o sobre el amor

INTERLOCUTORES: AL PRINCIPIO, APOLODORO, Y EL AMIGO DE APOLODORO; DESPUÉS, SÓCRATES, AGATÓN, FEDRO, PAUSANIAS, ERIXÍMACO, ARISTÓFANES Y ALCIBÍADES

APOLODORO.—Creo que estoy bastante bien preparado para narraros lo que me pedís, porque últimamente cuando desde mi casa de Falero[1] regresaba a la ciudad, me vio un conocido mío que iba detrás de mí y me llamó desde lejos y bromeando: ¡Hombre de Falero, Apolodoro! ¿No puedes acortar el

1. Puerto distante veinte estadios de Atenas, aproximadamente (un estadio ático = 184,98 m).

paso? —Me detuve y lo esperé. —Apolodoro, me dijo, te buscaba precisamente. Quería preguntarte lo que pasó en la casa de Agatón el día en que cenaron allí Sócrates, Alcibíades y algunos otros. Se dice que toda la conversación versó sobre el Amor. Algo de ello he sabido por un hombre al que Fénix, el hijo de Filipo, refirió parte de los discursos, pero este hombre no pudo darme detalles de la conversación; solo me dijo que tú estabas bien enterado de todo. Cuéntame, pues; después de todo es deber tuyo dar a conocer lo que ha dicho tu amigo; pero dime antes si estuviste presente en aquella conversación. —Me parece muy natural, le respondí, que ese hombre no te haya dicho nada preciso, porque estás hablando de esta conversación como de una cosa acaecida hace poco y como si yo hubiera podido estar presente. —Sí que lo creía. —¿Cómo, le dije, no sabes, Glauco, que hace ya unos años que Agatón no ha puesto los pies en Atenas? De mí puedo decirte que no hace todavía tres que frecuento a Sócrates y que me dedico a estudiar diariamente sus palabras y todas sus acciones. Antes de este tiempo iba errante de un sitio a otro y creyendo llevar una vida razonable era el más desgraciado de los hombres. Me imaginaba, como tú ahora, que lo último de que uno tenía que ocuparse era de la filosofía. —Vamos, déjate de burlas y dime cuándo fue esa conversación. —Tú y yo éramos muy jóvenes; fue en el tiempo en que Agatón alcanzó el premio con su primera tragedia y al día siguiente del que, en honor de su victoria, sacrificó a los dioses rodeado de sus coristas. —Hablas de algo ya lejano, me parece; pero ¿de quién tienes todo lo que sabes? ¿Del mismo Sócrates? ¡No, por Zeus!, le contesté, de un tal Aristodemo de Cidateneon, un hombrecito que siempre va descalzo. Este estuvo presente, y si no estoy equivocado era entonces uno de los más fervientes admiradores de Sócrates. Algunas veces he interrogado a Sócrates acerca de algunas cosas que había oído a este Aristodemo y lo que ambos me dijeron fue siempre lo mismo. —¿Por qué tardas tanto en referirme la conversación? ¿En qué podríamos emplear mejor el camino que nos queda hasta Atenas? —Consentí y durante todo el trayecto fuimos hablando de esto. Por lo cual, como te he dicho hace un momento, estoy bastante bien preparado y cuando queráis podréis oír mi narración. Debo deciros que además de lo provechoso que es hablar u oír hablar de filosofía, no hay nada en el mundo en lo que con más gusto tome parte; en cambio me muero de fastidio cuando os oigo a vosotros, los que tenéis dinero, hablar de vuestros intereses. Deploro vuestra ceguedad y la de vuestros amigos, porque creéis hacer maravillas y no hacéis nada bueno. Es probable que vosotros por vuestra parte me tengáis mucha lástima y me parece que tenéis razón, pero yo no creo que se os haya de compadecer, sino que se os compadece ya.

El amigo de Apol.—Siempre has de ser el mismo Apolodoro: siempre hablando mal de ti mismo y de los demás y persuadido de que todos los hombres, exceptuando a Sócrates, son unos miserables. No sé por qué no te apodan el *Furioso*; pero bien sé que hay algo de esto en tus discursos. Estás agriado de ti mismo y de toda la humanidad, exceptuando a Sócrates.

Apolodoro.—¿Te parece que es preciso estar furioso o privado de razón para hablar así de mí y de todos vosotros?

El amigo de Apol.—No es este el momento a propósito para disputar. Ríndete sin más tardar a mi petición y repíteme los discursos que se pronunciaron en casa de Agatón.

Apolodoro.—Voy a complacerte; pero mejor será que tomemos la cosa desde el principio, como Aristodemo me la contó.

Encontré a Sócrates, me dijo, que salía del baño y, contra su costumbre, llevaba sandalias. Le pregunté adónde iba tan compuesto. —Voy a cenar en casa de Agatón, me contestó. Rehusé asistir a la fiesta que dio ayer por temor al gentío, pero me comprometí a ir hoy; por esto me ves tan engalanado. Me he compuesto mucho para ir a casa de un guapo mozo. Y a ti, Aristodemo, ¿no te entran ganas de venir a cenar también, aunque no estés invitado? —Como quieras, le respondí. —Pues ven conmigo y formemos el proverbio haciendo ver que un hombre honrado puede ir a cenar a casa de otro hombre honrado sin que se lo hayan rogado. De buena gana acusaría a Homero[2] no solo de no haber

2. *Ilíada*, III, v. 408.

modificado este proverbio, sino de haberse burlado de él, cuando después de habernos mostrado a Agamenón como un gran guerrero y a Menelao como un combatiente de poco empuje, le hace ir al festín de Agamenón sin estar invitado, es decir, un inferior a la mesa de un superior que está por encima de él. Temo, dije a Sócrates, no ser como tú dices, sino más bien, como dice Homero, un hombre vulgar que se presenta en el comedor del sabio sin estar invitado. Pero ya que eres tú quien me lleva, a ti te incumbe defenderme, porque no confesaré que voy sin invitación; diré que eres tú quien me has convidado. —Somos dos, respondió Sócrates, y uno u otro encontrará lo que habrá que decir. Vamos, pues.

Charlando amistosamente nos dirigimos a la morada de Agatón, pero durante el trayecto, Sócrates, que se había puesto pensativo, fue quedándose atrás. Me detuve para esperarle, pero me dijo que siguiera adelante. Al llegar a casa de Agatón, encontré la puerta abierta y hasta me ocurrió una aventura bastante cómica. Un esclavo de Agatón me condujo sin demora a la sala donde los comensales se habían sentado ya a la mesa esperando que se les sirviera. Apenas me vio Agatón, exclamó: bienvenido seas, ¡oh, Aristodemo!, si vienes a cenar. Si es para otra cosa hablaremos de ella otro día. Te busqué ayer para rogarte que fueras uno de los nuestros, pero no pude encontrarte. ¿Por qué no has traído a Sócrates? —Al oírle me vuelvo y veo que Sócrates no me ha seguido. —He venido con él, que es quien me ha invitado, le dije. —Has hecho bien, repuso Agatón, pero ¿dónde está? —Me seguía y no concibo lo que puede haber sido de él. —Esclavo, dijo Agatón, ve a buscar a Sócrates y tráenoslo. Y tú, Aristodemo, colócate al lado de Erixímaco. Esclavo, que le laven los pies para que pueda ocupar su sitio. —Entre tanto, anunció otro esclavo que había encontrado a Sócrates parado sobre el umbral de una casa inmediata, pero que por más que le llamaba para que viniera no quería hacerle caso. —¡Qué cosa tan extraña!, dijo Agatón. Vuelve y no te separes de él mientras no venga. —No, no, dije, dejadle. Muy a menudo le ocurre detenerse donde se encuentra. Si no me engaño, muy pronto le veréis entrar. No le digáis nada, dejadle. —Si opinas así, sea como dices, replicó Agatón. ¡Esclavos, servidnos! Traednos lo que queráis, como si no tuvieseis aquí quien pueda daros órdenes, porque es una molestia que nunca me he tomado. Miradnos a mis amigos y a mí como si fuéramos vuestros convidados. Haced lo mejor que sepáis y haceos honor a vosotros mismos.

Comenzamos a cenar y Sócrates no venía. A cada instante quería Agatón que le fuera a buscar, pero yo lo impedía siempre. Por fin se presentó Sócrates después de habernos hecho esperar algún tiempo, como solía, y cuando ya habíamos medio cenado. Agatón, que estaba sentado solo en un triclinio, en un extremo de la mesa, le rogó se pusiera a su lado. —Ven, dijo, Sócrates; quiero estar lo más cerca posible de ti para procurar tener mi parte de los sabios pensamientos que has encontrado cerca de aquí, porque tengo la certeza de que has encontrado lo que buscabas; si no, estarías todavía en el mismo sitio. —Cuando Sócrates hubo ocupado su puesto, dijo: ¡Ojalá pluguiera a los dioses que la sabiduría, Agatón, fuera una cosa que pudiera verterse de una inteligencia a otra cuando dos hombres están en contacto, como el agua pasa de una copa llena a otra vacía a través de una tira de lana! Si el pensamiento fuera de esta naturaleza, sería yo el que tendría que llamarse dichoso por estar cerca de ti, porque me parece que me llenaría de la buena y abundante sabiduría que posees; la mía es algo mediocre y equívoca, por decirlo así, un sueño. La tuya, al contrario, una magnífica sabiduría y rica de las esperanzas más bellas, como lo atestiguan el brillo con que luce desde tu juventud y el aplauso que más de treinta mil griegos acaban de tributarle. —Eres un burlón, contestó Agatón; ya examinaremos qué sabiduría es mejor; si la tuya o la mía, y Dioniso será nuestro Juez. Pero ahora no pienses más que en cenar.

Sócrates se sentó, y cuando él y los otros convidados terminaron de cenar, se hicieron las libaciones y se cantó un himno en honor del dios y después de todas las otras ceremonias religiosas ordinarias, se habló de beber. Pausanias tomó entonces la palabra:

—Veamos, dijo, cómo beberemos para que no nos siente mal. Debo confesar que todavía noto los efectos de la comilona de ayer y que tengo necesidad de respirar un poco, como pienso os debe de suceder a la mayor parte de vosotros, porque ayer fuisteis de los nuestros. Tengamos, pues, cuidado de beber moderadamente. —Pausanias, dijo Aristófanes, no sabes con qué agrado escucho tu consejo para que seamos temperantes, porque soy uno de los que menos moderados estuvieron ayer. —¡Cómo me agradáis cuando estáis de tan excelente humor!, dijo Erixímaco, hijo de Acúmeno. Pero todavía queda por hacer una advertencia: ¿se encuentra Agatón en disposición de beber? —No estoy muy fuerte, respondió este, pero todavía puedo beber algo. —Para nosotros es un hallazgo, replicó Erixímaco, y al decir nosotros me refiero a Aristodemo, Fedro y a mí, que opinéis así los buenos bebedores porque nosotros a vuestro lado somos malos bebedores. Exceptúo a Sócrates que bebe como quiere y poco le importa el partido que se tome. Así, y puesto que no vengo animado a hacer demasiados honores a los vinos, no se me podrá tildar de inoportuno si os digo algunas verdades acerca de la embriaguez. Mi experiencia de médico me ha hecho ver perfectamente que el exceso de vino es funesto para el hombre. Yo, por mi parte, lo evitaré cuando pueda y nunca lo aconsejaré a los demás, sobre todo, cuando tengan la cabeza pesada de una orgía de la víspera. —Sabes, le dijo Fedro de Mirrinunte, interrumpiéndole, que siempre me presto a tu opinión, principalmente cuando hablas de medicina, pero hoy tienes que reconocer que todo el mundo está muy razonable.

No hubo más que una voz; de común acuerdo se decidió que no habría excesos y que se bebería lo que cada uno comprendiese poder beber. —Puesto que así se ha convenido, dijo Erixímaco, y no se obligará a nadie a beber más que lo que le apetece, propongo que empecemos por despedir a la tocadora de flauta. Si quiere tocar lejos de aquí para distraerse, que toque, o, si prefiere, para las mujeres en el interior. Nosotros, si queréis hacerme caso, entablaremos una conversación y si os parece bien hasta os propondré el tema.

Todos aplaudieron, incitándole a entrar en materia. Erixímaco continuó: Empezaré por este verso de la Melanipa de Eurípides:

este discurso no es mío, sino de Fedro. Porque Fedro me dice todos los días con una especie de indignación: ¿no es una cosa extraña, Eriximaco, que entre tantos poetas que han compuesto himnos y cánticos en honor de la mayoría de los dioses, no haya habido ni siquiera uno que haya hecho el elogio del Amor que es un dios tan grande? Mira a los hábiles sofistas, que todos los días componen sendos discursos en prosa en loor de Hércules y otros semidioses, y para no citar más que un nombre me referiré al famoso Prodico, y no es algo que pueda sorprenderos. Hasta he visto un libro titulado: *Elogio de la sal*, en el que su sabio autor exagera las maravillosas cualidades de la sal y los grandes servicios que presta al hombre. En pocas palabras: no encontrarás casi nada que no haya tenido ya su panegírico. ¿Cómo, pues, puede explicarse que en este ardor de alabar tantas cosas, nadie hasta hoy haya emprendido la tarea de celebrar dignamente al Amor y que haya olvidado a un dios tan grande? Yo, continuó Eriximaco, comparto la indignación de Fedro; quiero pagar, pues, mi tributo al Amor y ganarme su benevolencia. Me parece al mismo tiempo que a una compañía como la nuestra no le estaría de más honrar a este dios. Si os parece no busquemos más tema para nuestra conversación. Cada uno improvisará lo mejor que pueda un discurso en elogio del amor. Se dará la vuelta de izquierda a derecha. Fedro, por su categoría, será el primero que hable, y yo después, por ser el autor de la proposición que os hago. Nadie se opondrá a tu voto, Erixímaco, dijo Sócrates; yo, desde luego, no, y eso que hago profesión de no saber más cosa que del Amor; ni tampoco Agatón, ni Pausanias, ni Aristófanes seguramente, que por entero está consagrado a Afrodita y a Dioniso. E igualmente puedo responder del resto de la compañía, aunque, si he de decir la verdad, la partida no es igual para nosotros que estamos sentados los últimos. En todo caso, si los que nos preceden cumplen con su deber y agotan la materia, estaremos en paz dándoles nuestra aprobación. Que bajo felices auspicios comience, pues, Fedro a hacer el elogio del Amor.

La proposición de Sócrates fue adoptada por unanimidad. No debéis esperar de mí que os repita palabra por palabra los discursos que se pronunciaron. Aristodemo, de quien tengo todas estas noticias, no me los pudo repetir perfectamente, y yo mismo me olvidaré de alguna cosa de lo que me refirió, pero os repetiré lo esencial. He aquí, pues, según él, cuál fue el discurso de Fedro:

«El Amor es un dios muy grande bien digno de ser honrado entre los dioses y entre los hombres por mil razones, pero principalmente por su antigüedad, porque no hay dios tan antiguo como él. Y la prueba es que no tiene padre ni madre. Ningún poeta ni prosista ha podido atribuírselos. Según Hesíodo,[3] al principio existió el Caos, *después la Tierra de amplio seno, base eterna e inquebrantable de todas las cosas, y el Amor*. Hesíodo, por consecuencia, hace que la Tierra y el Amor sucedan al caos. Parménides habla así de su origen:

El amor es el primer dios que él concibió.[4]

»Acusilao[5] comparte la opinión de Hesío-

3. *Teogonía*, versos 116, 117 y 120.

4. *Parménides*, pág. 14 DK.

5. Historiador muy antiguo. «Eumelo y Acusilao», dice Clemente de Alejandría, «pusieron en prosa

do. Así pues, de un común acuerdo, es el Amor el más antiguo de los dioses y de todos ellos el que más beneficios concede a los hombres. Porque no conozco ventaja mayor para un joven que tener un amante virtuoso y para un amante que amar un objeto virtuoso. Abolengo, honores, riquezas, nada puede inspirar al hombre como el Amor lo que es necesario para llevar una vida honorable; quiero decir la vergüenza de lo malo y la emulación del bien. Sin estas dos cosas es imposible que un particular o un Estado hagan nunca nada gracioso ni bello. Hasta me atrevo a decir que si un hombre que ama cometiera una mala acción o recibiera un ultraje sin rechazarlo, no habría padre ni pariente ante quienes este hombre tuviera más vergüenza de presentarse que ante aquel a quien ama. Y vemos que lo mismo sucede al que es amado, porque jamás estará tan abochornado como cuando su amante le sorprende en cualquier falta. De manera que si por cualquier obra de encantamiento un Estado o un

---

los versos de Hesíodo y los publicaron como cosa suya». Strom. VI; cap. II.

ejército pudiera estar compuesto solamente de amantes y de amados, no existiría otro pueblo que profesara tanto horror al vicio ni estimara tanto la emulación a la virtud. Hombres así unidos, aunque fueran en corto número, podrían vencer a los demás hombres. Porque si hay alguien de quien un amante no quisiera ser visto arrojando al suelo sus armas o abandonando sus filas, es del que ama; preferiría morir mil veces antes que abandonar en el peligro a su bienamado y dejarle sin auxilio, porque no hay hombre tan cobarde a quien Amor no infunda el mayor valor y no lo convierta en un héroe. Lo que decía Homero de los dioses que inspiran audacia a ciertos guerreros puede decirse con más justicia del Amor que de ninguno de los dioses. Únicamente los amantes son los que saben morir el uno por el otro. Y no solamente los hombres, sino también las mujeres han dado su vida por salvar a los que amaban. Grecia ha visto el admirado ejemplo de Alcestis, hija de Pelias; solo ella se prestó a morir por su esposo, a pesar de tener este padre y madre; su amor sobrepujó tanto al cariño y a la amistad de aquellos que comparados con ella parecieron ser unos extraños para su hijo, y su parentesco no más que nominal. Y aunque en el mundo se hayan llevado a cabo nobilísimos actos, solo hay muy pocos que hayan logrado rescatar de los infiernos a los que a estos descendieron; pero la acción de Alcestis pareció tan bella a los hombres y a los dioses, que estos, prendados de su valor, la volvieron a la vida. Verdad es que un amor noble y generoso se hace estimar hasta de los mismos dioses.

»No trataron así a Orfeo, hijo de Eagro, al que enviaron al Hades sin concederle lo que pedía. En vez de devolverle a su esposa, a la que iba a buscar, no le enseñaron más que su fantasma, porque, como músico que era, le faltó valor, y en vez de imitar a Alcestis y morir por la que amaba, se ingenió para descender en vida al Hades. Por esto, indignados los dioses, le castigaron por su cobardía, haciéndole perecer a mano de las mujeres. En cambio, honraron a Aquiles, hijo de Tetis, y le recompensaron enviándole a las islas de los Bienaventurados, porque habiéndole predicho su madre que si mataba a Héctor moriría en seguida después, y que si no le combatiera, volvería al hogar paterno, donde moriría después de edad avanzada, no vaciló, sin embargo, ni un instante en defender a su amante Patroclo y en vengarle con desprecio de su propia vida, y quiso no solo morir por un amigo, sino hasta morir sobre el cuerpo de aquel amado.[6] Por esto los dioses le tributaron más honores que a hombre alguno en su admiración ante aquel testimonio de abnegación por aquel de quien era amado. Esquilo se burla de nosotros cuando nos dice que Aquiles era el amante de Patroclo, él que no solo era más bello que Patroclo, sino que todos los otros héroes. Era todavía imberbe y mucho más joven, como dice Homero.[7] Y verdaderamente, si los dioses aprueban lo que se hace por el que se ama, estiman, admiran y recompensan de muy diferente manera lo que se hace por aquel de quien se es amado. En efecto, el que ama es algo más divino que el que es amado, porque está poseído de un dios. Por esto ha sido Aquiles todavía mejor tratado que Alcestis después de su muerte

6. *Ilíada*, XI, v. 482, XV, v. 262, y XVIII, v. 94.
7. *Ilíada*, XI, v. 786.

en la isla de los Bienaventurados. Concluyó diciendo que, de todos los dioses, el Amor es el más antiguo, el más augusto y el más apto para hacer virtuoso y feliz al hombre durante su vida y después de su muerte».

Así terminó Fedro su discurso. Aristodemo omitió los de otros que había olvidado y habló de Pausanias, que dijo así:

«No apruebo, Fedro, la simple proposición que se ha hecho de elogiar al amor. Esto estaría bien si solo hubiese un amor, pero como no es así, porque hay varios, habría sido mejor decir ante todo cuál es el que tenemos que elogiar, que es lo que voy a ensayar hacer. Empezaré diciendo qué amor es el que merece ser elogiado, y después lo alabaré lo más dignamente que pueda. Es sabido que sin el Amor no habría Afrodita; si esta fuera solamente una no habría más que un Amor, pero puesto que hay dos, tiene que haber también dos Amores. ¿Quién duda de que hay dos Afroditas? La una, la mayor, hija de Cielo y que no tiene madre, es la que nosotros denominamos Afrodita celestial; la otra más joven es hija de Júpiter y de Dione y la llamamos Afrodita popular. Se deduce que de los dos Amores que son los ministros de estas Venus, hay que llamar a uno el celestial y a otro el popular. Todos los dioses, sin duda, son dignos de ser venerados, pero distingamos bien las funciones de estos dos amores.

»Toda acción por sí misma no es bella ni fea: lo que hacemos actualmente, comer, beber, discurrir, nada de esto es bello por sí mismo, pero puede serlo por la manera como se haga: bello si se hace según las de la justicia y la honorabilidad, y feo si se hace contra estas reglas. Lo mismo sucede al amar. Todo amor en general no es ni bello ni digno de encomio, sino únicamente el que nos incita a amar honradamente. El Amor de la Afrodita popular es popular también y no inspira más que bajezas; el Amor que reina entre los malos, que aman sin selección lo mismo a las mujeres que a los jóvenes, al cuerpo más que al alma; mientras más insensato se es, se es tanto más solicitado por los malos, que solo aspiran al goce sensual, y con tal de conseguirlo poco les importan los medios con que lo logran. De aquí procede el que hagan cuanto se les ocurre, lo mismo lo bueno que lo contrario, porque su Amor es el de la Venus más joven, que nació del varón y de la hembra. Pero como la Afrodita celestial no nació de la hembra, sino solo del varón, el Amor que la acompaña no busca más que a los niños. Viniendo una diosa de más edad y que por tanto no tiene los fogosos sentidos de la juventud, aquellos a quienes inspira no aman más que al sexo masculino naturalmente más fuerte y más inteligente. He aquí las características por las cuales se podrá reconocer a los verdaderos servidores de este Amor: no se sienten atraídos por una gran juventud, sino por jóvenes cuya inteligencia comienza a desenvolverse, es decir, a los cuales les apunta el bozo. Porque su objeto no es, a mi parecer, aprovecharse de la imprudencia de un joven amigo y seducirle para dejarle después, y riéndose de su victoria correr tras cualquier otro; se unen con el pensamiento de no separarse más y pasar toda la vida con el que aman. Sería verdaderamente deseable que existiera una ley que prohibiera amar a mancebos demasiado jóvenes para evitar emplear su tiempo en una cosa tan incierta, porque ¿quién sabe en lo que se convertirá un día esa juventud?, porque con los niños el porvenir es dudoso, se ignora cómo se volverán el cuerpo y el espíritu y si sus inclinaciones los encaminarán hacia el vicio o la virtud. Los sabios y prudentes se imponen voluntariamente una ley tan justa, pero sería preciso hacerla observar rigurosamente a los amantes populares de que hablamos y prohibirles estas clases de contratos como se les impide en la medida de lo posible amar a las mujeres de condición noble, puesto que no tienen derecho a amarlas. Esos son los que han deshonrado al amor, hasta el extremo de que algunos han dicho que es vergonzoso conceder favores a los amantes. Su amor intempestivo e injusto a una exagerada juventud es el único que ha dado lugar a una opinión semejante, puesto que nada de lo que se hace inspirándose en los sentimientos de sabiduría y honradez puede ser censurado justamente.

»Las leyes que reglan el amor en los otros países son fáciles de comprender por su sencillez y precisión. En la ciudad de Atenas y en las de Lacedemonia son complicadas y dificultosas y la costumbre está sujeta a explicación. En la Élide, por ejemplo, y en Beocia, donde la gente se muestra poco hábil en el arte de la palabra, se dice sencillamente que es bueno conceder sus favores a quien nos ama; nadie, joven ni anciano, lo encuentra mal. Es preciso creer que en estos países se han autorizado así el amor para allanar dificultades y que no haya necesidad de recurrir a artificios del lenguaje de los que sus habitantes no son capaces. En Jonia y en todos los países sometidos al dominio de los bárbaros está declarada esta costumbre como vergonzosa e igualmente se han proscrito la filosofía y la gimnasia. Y es porque los tiranos indudablemente no quieren que entre sus súbditos surjan individuos de gran valor, ni amistades ni uniones vigorosas, que son las que forma el Amor. Los tiranos de Atenas hicieron la experiencia de ellos en otros tiempos. El amor de Aristogitón y la fidelidad de Harmodio derribaron su poderío. Es, pues, visible que de los Estados donde se considera vergonzoso conceder sus favores a quien nos ama procede esa severidad de la iniquidad de los que la han establecido, de la tiranía de los gobernantes y de la cobardía de los gobernados; pero en los países donde simplemente se dice que está bien conceder sus favores a quien nos ama, esta indulgencia es una prueba de grosería. Todo esto está más sabiamente ordenado entre nosotros. Pero, como ya lo he dicho, es más difícil de comprender: por una parte se dice que es preferible amar a los ojos de todo el mundo que amar en secreto y que se debe amar con preferencia a los hombres más generosos y virtuosos, aunque sean menos hermosos que los otros. Es verdaderamente sorprendente cómo se interesan todos por los éxitos afortunados de un hombre amado: se le anima, lo que no se haría si no se creyera que es lícito amar; ganarse el afecto del amado se considera bello y el no lograrlo como humillante. La costumbre permite al amante el empleo de medios maravillosos para conseguir su objetivo y no hay ni uno solo de estos medios que no fuera capaz de perderle en la estima de los buenos si se sirviera de ellos para otros fines que no sean el hacerse amar. Porque si un hombre en el afán de enriquecerse o conseguir un empleo o una influencia de naturaleza análoga se atreviera a tener con alguno la menor complacencia de las que un amante concede al que ama, si recurriera a las súplicas, si uniera a estas las lágrimas, jurara, se acostara delante de su puerta y descendiera a mil bajezas de las que un esclavo se avergonzara, no habría ni amigo ni enemigo que no le impidiera envilecerse hasta ese extremo. Los unos le echarían en cara su manera de conducirse, propia de un adulador y un esclavo; los otros se avergonzarían y tratarían de corregirle. Y todo esto, sin embargo, no solo no está mal en un hombre que ama, sino que, al contrario, le sienta maravillosamente; no solamente se soportan las bajezas sin ver en ellas nada deshonroso, sino se le aprecia como a un hombre que cumple bien su deber; y lo más extraño todavía es que los amantes son los únicos perjuros a los que no castigan los dioses, porque se dice que en el amor no obligan los juramentos, ya que es verdad que en nuestras costumbres los hombres y los dioses permiten todo a los amantes. No hay, pues, nadie que acerca de esto no esté persuadido de que en esta ciudad es muy loable amar y ser amigo del amado. Y desde otro punto de vista, si se concediera con qué cuidado coloca un padre cerca de sus hijos a un preceptor que vele por ellos, y que el deber principal de este preceptor es impedir que hablen con aquellos que los aman; que sus mismos camaradas se burlan de ellos si los ven mantener un comercio semejante y que los ancianos no se oponen a estas burlas y no riñen a sus autores; al ver esto que es costumbre en nuestra ciudad, ¿no se creería que vivimos en un país donde la gente se avergüenza de formar semejantes amistades íntimas? He aquí cómo hay que explicar esta contradicción: el amor, como dije antes, no es bello ni feo por sí mismo. Es bello si se ama obedeciendo a las leyes de la honorabilidad, y feo si se ama faltando a ellas; porque no es honrado conceder sus favores a un hombre vicioso y por malos motivos, y es honorable rendirse por buenas causas y al amor de un hombre que practica la virtud. Llamo hombre vicioso al amante popular que ama al cuerpo con preferencia al alma, porque su amor no podrá ser duradero, pues que ama una cosa que no dura. Cuando la flor de la belleza que él ama se marchite, le veréis desaparecer sin acordarse de sus palabras ni de ninguna de sus promesas. Pero el amante de un alma bella permanece fiel toda la vida porque ama lo que es duradero. Por esto quiere la costumbre que antes de obligarnos examinemos bien; que nos entreguemos a unos y huyamos de otros; la costumbre anima a unirse a aquellos y a evitar estos, porque discierne y juzga de qué especie es el que ama lo mismo que el que es amado. Se deduce de esto que debe dar vergüenza entregarse muy pronto, porque se exige la prueba del tiempo que hace se conozcan mejor todas las cosas. También es vergonzoso ceder a un hombre rico y poderoso, sea que se sucumba por temor o por debilidad o por dejarse deslumbrar por el dinero o por la esperanza de conseguir empleos, porque aparte de las razones de esta índole no puede engendrar nunca una amistad generosa, se basan además sobre fundamentos poco sólidos y poco durables. Queda un solo motivo con el cual, según nuestras costumbres, se puede favorecer honorablemente a un amante, porque lo mismo que el servir voluntariamente un amante al objeto de su amor nos es considerado como adulación y no se le reprocha, hay también una especie de servidumbre voluntaria que nunca puede ser criticada, y es aquella a que uno se obliga por la virtud.

Nosotros estimamos que si un hombre se une a otro en la esperanza de perfeccionarse, gracias a él, en una ciencia o en la virtud, esta servidumbre voluntaria no tiene nada de vergonzosa y no puede ser calificada de adulación. Es preciso que se mire al amor como a la filosofía y a la virtud y que sus leyes tiendan al mismo fin que la de estas, si se quiere que sea honorable favorecer al que nos ama; porque si el amante y el amado se aman mutuamente en estas condiciones, a saber, que el primero, agradecido a los favores del que ama, esté dispuesto a prestarle cuantos servicios le permita rendirle la equidad, y que por su parte el amado tenga con él todas las complacencias convenientes en reconocimiento del empeño de su amante en tomarle sabio y virtuoso: si el amante es verdaderamente capaz de infundir ciencia y virtud al que ama, y el amado tiene un verdadero deseo de adquirir instrucción y ciencia, si todas estas condiciones se reúnen, únicamente entonces será decoroso conceder sus favores a quien le ama. Ningún otro motivo puede ser permitido para amar, aunque en este caso no será vergonzoso el verse engañado; en todos los demás sí, sea uno engañado o no. Porque si en la esperanza de la ganancia se abandona uno a un amante al que se le creía rico y luego se reconoce que es pobre y que no puede cumplir la palabra que dio, la vergüenza no es menor, porque se ha hecho ver que ante la perspectiva de un provecho se puede hacer todo por todo el mundo, lo que dista mucho de ser bello. Al contrario: si después de haber favorecido a un amante creyéndole honorable y en la esperanza de volverse mejor por medio de su amistad se descubre que este amante no es honorable no posee virtud, es hermoso verse engañado de tal suerte, porque el engaño ha hecho ver el fondo de su corazón; se ha probado que por la virtud, y en la esperanza de llegar a un grado mayor de perfección, se era capaz de emprender todo, y nada más glorioso que esto. Es hermoso, pues, amar por la virtud; este Amor es el de Afrodita celestial, y es celestial por sí mismo, beneficioso para los particulares y los Estados y digno de ser objeto de sus principales estudios, puesto que obliga al amante y al amado a velar por ellos mismos a fin de esforzarse en ser mutuamente virtuosos. Todos los otros amores pertenecen a la Afrodita popular. Aquí tienes, Fedro, todo lo que en honor tuyo puedo improvisar acerca del Amor».

Calló Pausanias y a Aristófanes le llegó el turno de hablar, como le dijo Aristodemo, pero no pudo por atacarle un hipo debido a haberse excedido en la comida o a cualquier otra causa. En su apuro, se dirigió al médico Erixímaco, a cuyo lado estaba sentado, y le dijo: Es preciso, Erixímaco, que me libres de este hipo o que hables por mí hasta que se me haya pasado. —Haré lo uno y lo otro, contestó Erixímaco, porque hablaré en tu lugar y tú en el mío cuando cese tu hipo. Si quieres que tu incomodidad pase muy pronto, retén algún tiempo la respiración mientras hablo, y si no haz gárgaras con un poco de agua. Si el hipo es demasiado violento, buscas algo con que hacerte cosquillas en la nariz, estornudarás, y si lo repites un par de veces cesará infaliblemente el hipo. —Bueno; empieza a hablar mientras hago lo que me has indicado.

Erixímaco habló en los siguientes términos:

«Pausanias comenzó muy bien su discurso, pero el final no me ha parecido suficientemente desarrollado, por lo que me creo obligado a completarlo. Apruebo la distinción que ha hecho de los dos amores, pero creo haber descubierto por mi parte, la medicina, que el amor no reside solamente en el alma de los hombres, donde tiene por objeto la belleza, sino que también tiene otros muchos objetos, que se encuentran en muchas otras cosas, en los cuerpos de todos los animales, en los productos de la tierra, en una palabra, en todos los seres; y que la grandeza y las maravillas del dios se manifiestan en todo, lo mismo en las cosas divinas que en las humanas. Y para rendir honores a mi arte elegiré en la medicina mi primer ejemplo.

»Naturaleza corporal contiene los dos amores, porque las partes del cuerpo que están sanas y las enfermas constituyen necesariamente cosas diferentes y heterogéneas, y lo heterogéneo desea y se siente atraído por lo heterogéneo. El amor que reside en un cuerpo sano no es el mismo que el amor que reside en un cuerpo enfermo; y la máxima que Pausanias acaba de establecer: es bello conceder sus favores a un amigo virtuoso, y vergonzoso entregarse a quien está animado de una pasión desarreglada, es aplicable al cuerpo; es bello y hasta necesario ceder a lo que hay de bueno y sano en cada temperamento, y al contrario, no solo es vergonzoso complacer a todo lo que hay de malsano y depravado, sino que es preciso hasta combatirlo, si se quiere ser un buen médico. Porque, para decirlo en pocas palabras, la medicina es la ciencia del amor en los cuerpos, en su relación con la repleción y la evacuación, y el médico, que sabe discernir mejor en esto el amor ordenado del vicioso, debe ser estimado como el más hábil, y aquel que dispone de tal manera de las inclinaciones del cuerpo que puede cambiarlas según sea necesario introducir el amor donde no existe y donde es necesario y arrancarlo de donde es vicioso: este es un excelente artista, porque es necesario que sepa establecer la amistad entre los elementos más enemigos e inspirarles un amor mutuo. Pero los elementos más enemigos son los más contrarios, como el frío y el calor, lo seco y lo húmedo, lo amargo y lo dulce y los otros de la misma especie. Por haber encontrado el medio de establecer el amor y la concordia entre estos contrarios es por lo que Asclepio, el jefe de nuestra familia, inventó la medicina, como dicen los poetas, y yo lo creo. Me atrevo a asegurar que el amor preside a la medicina. Con poco que se fije la atención se reconocerá igualmente su presencia en la música, y esto debe ser lo que Heráclito quiso decir probablemente aunque se expresara mal. La unidad, dijo, que se opone a sí misma, se pone acorde con ella misma; produce, por ejemplo, la armonía de un arco o de una lira. Decir que la armonía es una oposición o que consiste en elementos opuestos es un gran absurdo, pero Heráclito entendía aparentemente que en los elementos opuestos en principio, como lo grave y lo agudo, y puestos acordes después, es donde el arte musical encuentra la armonía. En defecto, la armonía no es posible mientras lo grave y lo agudo permanezcan opuestos, porque la armonía es una consonancia y la consonancia un acorde, y no pueden ser acordes dos cosas opuestas mientras estén opuestas; por esto las cosas opuestas que no están acordes no producen armonía. Por esto mismo las largas y las breves, que son opuestas entre sí, cuando se ponen acordes componen el ritmo. Y aquí es la música, como antes la medicina, la que produce el acorde estableciendo el amor y la concordia entre los contrarios. La música es, pues, la ciencia del amor en lo relativo al ritmo y a la armonía.

»No es difícil reconocer la presencia del amor en la constitución del ritmo y de la armonía; allí no se encuentran dos amores, pero cuando se trata de hombres, sea inventando lo que se llama composición musical, sea sirviéndose a propósito de los aires y de las medidas ya inventadas, que es lo que se denomina educación, entonces hace falta una gran atención y un hábil artista. Este es el momento de aplicar la máxima antes establecida: que es necesario complacer a los hombres moderados y a los que están en camino de serlo y fomentar su amor, el amor legítimo y celestial, el de la musa Urania. Pero en cambio se debe proceder con suma cautela con el amor de Polymnia, que es el amor vulgar no favoreciéndolo más que con una gran reserva, de manera que el agrado que procura no pueda conducir jamás al desarreglo. La misma circunspección es necesaria en nuestro arte para reglar el uso de los placeres de la mesa, de una manera tan acertada que se pueda disfrutar de ellos sin perjudicar a la salud. Debemos, pues, distinguir cuidadosamente estos dos amores en la medicina, en la música y en todas las cosas divinas y humanas, puesto que no hay ninguna donde no se encuentre. También se hallan en la constitución de las estaciones que componen el año, porque todas las veces que los elementos de los que hablé hace poco: el frío, lo caliente, lo húmedo y lo seco, contraen los unos por los otros un amor ordenado y componen una armonía justa y moderada, el año adquiere fertilidad y es saludable a los hombres, a las plantas y a todos los animales sin perjudicarlos en nada. Pero cuando es el amor intemperante el que prevalece en la constitución de las estaciones, destruye y arrasa casi todo, engendra la peste y toda clase de enfermedades que atacan a los animales y las plantas; las heladas, el granizo y el añublo provienen de este amor desordenado de los elementos. La ciencia del amor en el movimiento de los astros y las estaciones del año se denomina Astronomía. Los sacrificios, el empleo de la adivinación, es decir, todas las comunicaciones de los hombres con los dioses, no tienen más objeto que mantener o curar el amor, porque toda nuestra impiedad viene de que en todos nuestros actos no buscamos ni honramos al mejor amor, sino al peor en nuestras relaciones con los seres vivientes, los nuestros y los dioses. Lo propio de la divinidad es vigilar y conservar estos dos amores. La adivinación es, pues, la obrera de la amistad que existe entre los dioses y los hombres, porque sabe todo lo que hay de santo o de impío en las inclinaciones humanas. Por eso puede decirse, en general, con verdad, que el amor es poderoso y hasta que su poder es universal, pero es cuando se aplica al bien y está reglado por la justicia y la templanza, tanto según nuestra manera de ser como de la de los dioses, y entonces se manifiesta en todo su poderío y nos procura una felicidad perfecta haciéndonos vivir en paz los unos con los otros y conciliándonos la benevolencia de los dioses, cuya naturaleza está muy por encima de la nuestra. Puede ser que omita muchas cosas en este elogio del amor, pero será involuntariamente. A ti,

Aristófanes, te corresponde suplir lo que se me haya escapado. Sin embargo, si proyectas honrar al dios de otra manera, hazlo y empieza ya que se te quitó el hipo».

Aristófanes respondió: Se me ha quitado, efectivamente y no ha podido ser más que por el estornudar, y me admiro de que para restablecer el orden de la economía del cuerpo sea necesario un movimiento como ese, acompañado de ruidos y agitaciones ridículas. Porque el estornudo hizo que el hipo cesara inmediatamente. —Ten cuidado, mi querido Aristófanes, dijo Erixímaco; a punto de tomar la palabra estás ya bromeándote, y cuando podrías discursear en paz me obligas a vigilarte para ver si no dirás nada que excite la risa. —Tienes razón, Erixímaco, respondió Aristófanes sonriendo. Hazte la cuenta de que no he dicho nada y no me vigiles, porque no temo haceros reír con mi discurso, que es el objeto de mi musa y que para ella significaría un gran triunfo, pero sí decir cosas ridículas. —Después de haber disparado la flecha, dijo Erixímaco, ¿piensas escaparte? Fíjate bien en lo que vas a decir, Aristófanes, y habla como si tuvieras que rendir cuenta de cada una de tus palabras; y puede ser que si me parece bien te trate con indulgencia. —Sea como quieras, Erixímaco, me propongo hablar de otra manera que Pausanias y tú.

«Me parece que los hombres han ignorado por completo hasta ahora el poder del Amor, porque si lo conocieran le habrían erigido templos y altares magníficos y le ofrendarían suntuosos sacrificios, lo que no es práctica, aunque nada como esto sería tan conveniente, porque de todos los dioses es el que reparte más beneficios a los hombres; es su protector y el médico que los cura de los males que impiden al género humano llegar al colmo de la felicidad. Voy, pues, a ensayar haceros conocer el poder del amor y vosotros enseñaréis a los demás lo que habréis aprendido de mí. Pero es fuerza empezar por deciros cuál es la naturaleza del hombre y las modificaciones que ha sufrido.

»La naturaleza humana era antes muy diferente de como es hoy día. Al principio hubo tres clases de hombres: los dos sexos que subsisten hoy día y un tercero compuesto de estos dos y que ha sido destruido y del cual solo queda el nombre. Este animal formaba una especie particular que se llamaba andrógina porque reunía el sexo masculino y el femenino, pero ya no existe y su nombre es un oprobio. En segundo lugar, tenían todos los hombres la forma redonda, de manera que el pecho y la espalda eran como una esfera y las costillas circulares, cuatro brazos, cuatro piernas, dos caras fijas a un cuello orbicular y perfectamente parecidas; una sola cabeza reunía estas dos caras opuestas la una a la otra; cuatro orejas, dos órganos genitales y el resto de la misma proporción. Marchaban erguidos como nosotros y sin tener necesidad de volverse para tomar todos los caminos que querían. Cuando querían ir más deprisa se apoyaban sucesivamente sobre sus ocho miembros y avanzaban rápidamente por un movimiento circular, como los que con los pies en el aire hacen la rueda. La diferencia que se encuentra entre estas tres especies de hombres procede de la diferencia de sus principios: el sexo masculino está producido por el Sol, el femenino por la Tierra y el compuesto de los otros dos por la Luna, que participa de la Tierra y del Sol. Tenían de estos principios su forma, que es esférica, y su manera de moverse. Sus cuerpos eran robustos y vigorosos y sus ánimos esforzados, lo que les inspiró la osadía de subir hasta el cielo y combatir contra los dioses, como Homero lo ha escrito de Efialtes y de Oto.[8] Zeus examinó con los dioses el partido que se debería adoptar. La cuestión presentaba dificultades porque los dioses no querían aniquilarlos como hicieron con los gigantes fulminando rayos contra ellos, pero por otra parte, no podían dejar sin castigo su atrevida insolencia. Por fin, después de largas reflexiones, y de tener en cuenta que si los hombres desaparecieran desaparecerían también el culto y los sacrificios que aquellos les tributaban, se expresó Zeus en estos términos: Creo haber encontrado un medio de conservar a los hombres y de tenerlos más reprimidos, y es disminuir sus fuerzas. Los separaré en dos y así los debilitaré y al mismo tiempo tendremos la ventaja de aumentar el número de los que nos sirvan: andarán derechos sostenidos solamente por dos piernas, y si después de este castigo conservan su impía

8. *Odisea*, XI, v. 807.

audacia y no quieren estar tranquilos, los separaré de nuevo y se verán obligados a andar sobre un pie solo, como los que en las fiestas en honor de Dioniso bailan sobre un pellejo de vino.

»Después de esta declaración hizo el dios la separación que acababa de resolver, cortó a los hombres en dos mitades, lo mismo que hacen los hombres con la fruta cuando la quieren conservar en almíbar o cuando quieren salar los huevos cortándolos con una crin, partiéndolos en dos partes iguales. A continuación ordenó a Apolo que curara las heridas y que colocara la cara y la mitad del cuello en el lado por donde se había hecho la separación, a fin de que la vista del castigo los volviera más modestos. Apolo les puso la cara del modo indicado y recogiendo la piel cortada sobre lo que hoy se llama vientre, la reunió a la manera de una bolsa que se cierra dejando una abertura en medio, que es lo que llamamos ombligo. Pulió los demás pliegues, que eran numerosos, y arregló el pecho dándole forma con un instrumento parecido al que emplean los zapateros para pulir el cuero sobre la horma y dejó solamente algunos pliegues sobre el vientre y el ombligo, como recuerdo del castigo anterior. Una vez hecha esta división, cada mitad trató de encontrar aquella de la que había sido separada y cuando se encontraban se abrazaban y unían con tal ardor en sus deseos de volver a la primitiva unidad, que perecían de hambre y de inanición en aquel abrazo, no queriendo hacer nada la una sin la otra. Cuando una de estas mitades perecía, la que la sobrevivía buscaba otra a la que de nuevo se unía, fuera esta la mitad de una mujer entera, lo que hoy llamamos una mujer, o un hombre, y así iba extinguiéndose la raza. Movido Zeus a compasión, imagina un nuevo expediente: pone delante los órganos de la generación, que antes estaban detrás: se concebía y vertía la semilla, no el uno en el otro, sino sobre la tierra como las cigarras. Zeus puso delante aquellos órganos y de esta manera se verificó la concepción por la conjunción del varón con la hembra. Entonces si la unión se verificaba entre el hombre y la mujer, eran los hijos el fruto de ella, pero si el varón se unía al varón, la saciedad los separaba muy pronto y volvían a sus trabajos y otros cuidados de la vida.

De ahí procede el amor que naturalmente sentimos los unos por los otros, que nos vuelve a nuestra primitiva naturaleza y hace todo para reunir las dos mitades y restablecemos en nuestra antigua perfección. Cada uno de nosotros no es por tanto más que una mitad de hombre que ha sido separado de un todo de la misma manera que se parte en dos un lenguado. Estas dos mitades se buscan siempre. Los hombres que proceden de la separación de aquellos seres compuestos que se llaman andróginos aman a las mujeres, y la mayor parte de los adúlteros pertenecen a esta especie, de la que también forman parte las mujeres que aman a los hombres y violan las leyes del himeneo. Pero las mujeres que provienen de la separación de las mujeres primitivas no prestan gran atención a los hombres y más bien se interesan por las mujeres; a esta especie pertenecen las tribadas. Los hombres procedentes de la separación de los hombres primitivos buscan de igual manera el sexo masculino. Mientras son jóvenes aman a los hombres, disfrutan durmiendo con ellos y en estar entre sus brazos y son los primeros entre los adolescentes y los adultos, como si fueran de una naturaleza mucho más viril. Sin ninguna razón se les acusa de no tener pudor, y no es por falta de pudor por lo que proceden así; es porque poseen un alma esforzada y valor y carácter viriles por lo que buscan a sus semejantes, y la prueba es que con la edad se muestran más aptos para el servicio del Estado que los otros. Cuando llegan a la edad viril, aman a su vez a los adolescentes y jóvenes, y si se casan y tienen hijos, no es por seguir los impulsos de su naturaleza, sino porque la ley los constriñe a ello. Lo que ellos quieren es pasar la vida en el celibato juntos los unos y los otros. El único objetivo de estos hombres, sean amantes o amados, es reunirse con sus semejantes. Cuando uno de estos ama a los jóvenes o en otro llega a encontrar su mitad, la simpatía, la amistad y el amor se apoderan del uno y del otro de tal manera, de tan maravillosa manera, que ya no quieren separarse, aunque solo sea un momento. Estos hombres que pasan toda la vida juntos no sabrían decir qué es lo que quieren el uno del otro, porque si encuentran tanta dulzura en vivir así no parece que los placeres de los sentidos sean causa de ello. Su alma desea evidentemente alguna otra cosa que no puede expresar, pero que adivina y da a entender. Y cuando están reposando en el lecho estrechamente abrazados, si Hefesto se presentase ante ellos con los instrumentos de su arte y les dijera: "¡Hombres!, ¿qué es lo que os pedís recíprocamente?", y si viéndolos titubear continuara preguntándoles: "Lo que queréis, ¿no es estar unidos de tal manera que ni de día ni de noche estéis nunca el uno sin el otro? Si es esto lo que deseáis, voy a fundiros y a mezclaros de tal manera que cesaréis de ser dos personas para no ser más que una y mientras viváis viviréis una vida común, como una sola persona, y cuando muráis estaréis unidos de tal manera que no seréis dos personas, sino también una sola. Ved, pues, si es esto que deseáis lo que puede haceros completamente felices". Sí; si Hefesto les hablara de esta manera es seguro que ninguno de ellos rehusaría ni respondería que deseaba otra cosa, persuadido de que lo que acababa de oír expresaba lo que siempre existía en el fondo de su alma: el deseo de estar unido y confundido con el objeto amado de manera que no formara con él más que un solo ser. La causa es que nuestra primitiva naturaleza era una y que nosotros éramos un todo completo. Se da el nombre de amor al deseo de volver a recobrar aquel antiguo estado. Primitivamente, como ya he dicho, éramos uno, pero después, en castigo a nuestra iniquidad, fuimos separados por Zeus, como los de Arcadia por los lacedemonios.[9] Debemos tener sumo cuidado de no cometer ninguna falta contra los dioses, por el temor a tener que sufrir una segunda división y tener que ser como las figuras representadas de perfil en los bajorrelieves que no tienen más que media cara o como dados cortados en dos.[10] Es preciso que todos nos exhortemos a reverenciar a los dioses a fin de evitar un nuevo castigo y conseguir volver a nuestro estado primitivo por la intercesión del amor. Que nadie

9. Los lacedemonios invadieron Arcadia, destruyeron las murallas de Mantinea y deportaron a cuatro o cinco lugares diferentes a sus habitantes. Jenofonte, *Hel.*, v. 2,5-7.

10. Los dados, de los cuales los huéspedes guardaban cada uno un pedazo de recuerdo de la hospitalidad.

se muestre hostil al amor, porque con esto se atraería el odio de los dioses. Procuremos, pues, merecer la benevolencia y el favor de este dios, y él nos hará encontrar la otra parte de nosotros mismos, felicidad que hoy día no alcanzan más que poquísimas personas. Que Erixímaco no critique estas últimas palabras creyendo que con ellas aludo a Pausanias y a Agatón, porque quizá pertenecen ambos a ese pequeño número y también a la naturaleza masculina. Sea como quiera, estoy seguro de que todos, hombres y mujeres, seremos felices si, gracias al amor, encontramos cada uno nuestra mitad y volvemos a la unidad de nuestra naturaleza primitiva. Y si este antiguo estado es el mejor, el que más se le aproxima en este mundo tiene que ser por fuerza el mejor, y es el poseer un amado como se deseaba. Si, pues, tenemos que alabar al dios que nos procura esta felicidad, alabemos al amor, que no solamente nos sirve mucho en esta vida, conduciéndonos a lo que nos es propio, sino porque además da los más poderosos motivos para esperar que si tributamos fielmente a los dioses lo que les es debido, él nos devolverá a nuestra primitiva naturaleza después de esta vida, curará nuestras enfermedades y nos proporcionará una pura felicidad. He aquí, Erixímaco, mi discurso en elogio del amor; es diferente del tuyo, pero vuelvo a conjurarte una vez más a que no te burles de él y así podremos escuchar los otros, mejor dicho, los dos otros, porque solamente faltan por hablar Sócrates y Agatón.»

Te obedeceré, dijo Erixímaco, y con tanto más agrado por lo mucho que tu discurso me ha encantado, tanto que si no conociera la altura a que se eleva la elocuencia de Agatón y Sócrates en la materia del amor, temería mucho que se quedaran muy cortos a tu lado por haber dejado entre todos completamente agotado el tema después de lo que aquí se ha dicho. Y, sin embargo, espero mucho de ellos.

Has sabido salir muy airoso de la empresa, dijo Sócrates, pero si en este momento pudiera cambiarte conmigo, Erixímaco, y sobre todo después de que haya hablado Agatón, temblarías de temor y estarías tan apurado como yo. —Quieres hacerme víctima de un maleficio, dijo Agatón a Sócrates, y turbarme haciéndome creer que esta asamblea está nerviosa esperando que me va a oír decir verdaderas maravillas. —Muy corto de memoria tendría que ser, querido Agatón, replicó Sócrates, si después de haberte visto subir a la escena tan tranquilo y seguro de ti mismo y rodeado de comediantes y oído recitar tus versos sin el menor asomo de emoción y mirando a la concurrencia, me imaginara que te ibas a turbar delante de unos cuantos oyentes. —¡Ah querido Sócrates!, respondió Agatón, no creas que me embriagarán tanto los aplausos del teatro para hacerme olvidar que para el hombre sensato el juicio de un pequeño número de sabios es mucho más de temer que el de una multitud de locos. —Sería injusto, Agatón, amigo mío, si tuviese tan mala opinión de ti; estoy persuadido de que si te encontraras con un pequeño número de personas a las que creyeras sabias, las preferirías a la muchedumbre; pero nosotros quizá no nos contamos en ese número, porque estuvimos en el teatro y formamos parte del gentío. Pero suponiendo que te encontrases con otros que fueran sabios, ¿no temerías hacer algo que pudieran desaprobarte? ¿Qué crees? —Que tienes razón, respondió Agatón. Fedro no le dejó contestar, porque tomó la palabra y dijo: Si continúas contestando a las preguntas que te haga Sócrates, no se apurará por no tenerte que preguntar, porque no hay nada que le agrade tanto como poder hablar, sobre todo si su interlocutor es bello. No puedo negar que disfruto oyendo hablar a Sócrates, pero debo cuidar de que el Amor reciba los elogios que le hemos prometido y de que cada uno de nosotros pague su tributo. Cuando estéis en paz con el dios podréis reanudar vuestra charla. —Tienes razón, Fedro, dijo Agatón, y nada me impide que hable, porque en otra ocasión podré reanudar la conversación con Sócrates. Voy primeramente a establecer el plan de mi discurso y después empezaré.

«Me parece que todos los que hasta ahora han hablado ha sido, más que alabando al Amor, felicitando a los hombres por la dicha que este dios les concede, pero ¿quién es el autor de tantos beneficios? Nadie lo ha dado a conocer. Y, sin embargo, la única manera de alabar es explicar la naturaleza de la cosa de que se trata y desarrollar los efectos que produce. Así, para elogiar al amor, hay que decir primeramente quién es y a continuación hablar de sus beneficios. Digo, pues, que de todos los dioses, si puede decirse sin cometer un crimen, es el más feliz, porque es el más bello y el mejor. Es el más bello porque primeramente, Fedro, es el más joven de los dioses, y él mismo prueba lo que digo, puesto que en su carrera se escapa a la vejez, y eso que su carrera va bastante deprisa, como se ve, más deprisa al menos de lo que nos conviene. El Amor la detesta naturalmente y huye de ella cuando puede; en cambio acompaña a la juventud y se complace en ir con ella, porque la antigua máxima dice que lo parecido se une siempre a lo parecido. Así es que estando de acuerdo con Fedro en muchos otros puntos, no puedo convenir con él en que el Amor sea más antiguo que Crono y Jápeto. Sostengo, al contrario, que es el más joven de los dioses y que su juventud es eterna. Estas viejas querellas de los dioses que nos refieren Hesíodo y Parménides, si fueron ciertas, que no lo sabemos, se producirían bajo el imperio de la necesidad y no del Amor, porque entre los dioses no hubiera habido mutilaciones ni cadenas ni tantas otras violencias si el Amor hubiera estado con ellos, y la paz y la amistad los habrían unido como ahora desde que el Amor es el que reina entre ellos. Es, pues, cierto que es joven y además delicado. Pero haría falta un poeta como Homero para cantar la delicadeza de este dios. Homero dice que Ate es diosa y delicada: "Sus pies, dice, son delicados, porque jamás los posa sobre la tierra, pues marcha pisando la cabeza de los hombres".[11]

»Me parece que es bastante decir para probar lo delicada que es Ate, que no se apoya en lo que es duro, sino en lo que es suave. Me serviré de una prueba parecida para mostraros cuán delicado es el Amor. No anda sobre la tierra ni sobre las cabezas, que no presentan un punto de apoyo muy suave, pero sí camina y reposa sobre las cosas más tiernas, porque es en los corazones y las almas de los dioses y de los hombres donde establece su morada. Y todavía no en todas las almas, porque se aleja de los corazones duros y no reposa más que en los corazones tiernos. Y como jamás toca con el pie ni con

11. *Ilíada*, XIX, v. 92.

ninguna otra parte de su cuerpo más que la parte más delicada de los seres más delicados, es preciso que por fuerza sea de una extrema delicadeza. Es, pues, el más joven y el más delicado de los dioses. Además, es de una esencia sutil, porque si no no podría extenderse en todos sentidos ni penetrar inadvertido en todas las almas ni salir de ellas si fuera de una sustancia sólida, y lo que sobre todo hace reconocer en él una esencia sutil y moderada es la gracia que, según voz general, le distingue eminentemente, porque el amor y la fealdad están en continua pugna. Como vive entre las flores, no se puede dudar de la frescura de su tez. Y, en efecto, el Amor no se detiene jamás en donde no hay flores o ha dejado de haberlas, sea en un cuerpo, en un alma o en cualquier otra cosa, pero se posa y permanece donde encuentra flores y perfumes delicados. Se podrían aportar muchas otras pruebas de la belleza de este dios, mas estas son suficientes. Hablemos ahora de su virtud. La ventaja mayor de que disfruta el Amor es que no puede recibir ofensa alguna por parte de los dioses ni de los hombres, a los que tampoco podría él ofender, porque si sufre o hace sufrir es sin constreñir, porque la violencia y el Amor son incompatibles. Al Amor se le someten voluntariamente los hombres y a todo acuerdo aceptado voluntariamente lo declaran justo las leyes, reinas del Estado. Pero el Amor no es solamente justo, es además de la mayor temperancia, porque esta consiste en triunfar de los placeres y de las pasiones; pero ¿hay algún placer que supere al amor? Si todos los placeres y pasiones son inferiores al amor es porque este los domina, y si los domina tiene que tener por fuerza una templanza incomparable. En cuanto a su fuerza, ni la de Ares puede igualársele, porque no es Ares quien posee al Amor, sino el Amor a Ares. Del amor a Afrodita, dicen los poetas: el que posee es más fuerte que el poseído, y sobrepujar al que sobrepuja a los demás, ¿no es ser el más fuerte de todos? Después de haber hablado de la justicia, de la templanza y de la fuerza de este dios, nos resta todavía probar su habilidad. Procuremos cuanto nos sea posible no ser parcos al ponderarla. Para honrar a mi arte, como Erixímaco ha querido honrar al suyo, diré que el Amor es un poeta tan hábil que de quien mejor le parece hace un poeta. Y llega a serlo efectivamente, por extraño que antes se fuera a las Musas, en cuanto el Amor le inspira, lo que prueba que el Amor descuella en todas las obras propias de las Musas, porque no se enseña lo que se ignora, como no se da lo que no se tiene. ¿Podría negarse que todos los seres vivientes son obra del Amor desde el punto de vista de su producción y de su nacimiento? ¿Y no vemos que en todas las artes quien ha recibido lecciones del Amor se hace hábil y célebre, mientras permanece oscuro cuando no está inspirado en ese dios? Bajo el dominio del Amor y de la pasión descubrió Apolo el arte de disparar el arco, la medicina y la adivinación, de manera que puede decirse que es discípulo del Amor, como lo son las Musas en la música. Hefesto en el arte de forjar los metales, Atenea en el de tejer y Zeus en el de gobernar a los dioses y los hombres. Si la concordia se restableció entre los dioses, es preciso atribuirla al Amor, es decir, a la belleza, porque el Amor no se aviene con fealdad. Antes del Amor, como he dicho al principio, pasaron muchas cosas deplorables entre los dioses durante el reinado de la necesidad.

Mas apenas nació este dios brotaron del Amor toda clase de bienes para los dioses y los hombres. He aquí, Fedro, por qué me parece que el Amor es muy bello y muy bueno y además comunica a los otros estas mismas ventajas. Terminaré con su homenaje poético; es el Amor quien da

la paz a los hombres, la calma al mar,
el silencio a los vientos, un lecho y el sueño
[al dolor.

»Es el que aproxima a los hombres impidiéndoles ser unos extraños; es el principio y lazo de toda sociedad, de toda reunión amistosa, y preside las fiestas, los coros y los sacrificios; llena de dulzura y destierra la aspereza. Es pródigo en benevolencia y avaro en odio. Propicio a los buenos, admirado de los sabios, grato a los dioses, objeto de los deseos de los que todavía no lo tienen, preciso tesoro de los que lo poseen, padre del lujo, de las delicias, de la voluptuosidad, de los dulces encantos, de los tiernos deseos y de las pasiones; vela por los buenos y descuida a los malos. En nuestras penas, en nuestros temores, en nuestras añoranzas y en nuestras palabras es nuestro consejero, nuestro sostén y nuestro salvador. Es, en fin, la gloria de los dioses y de los hombres, el mejor y el más hermoso de los dueños a quien todo mortal debe seguir y repetir en loor suyo los himnos que él mismo canta para derramar la dulzura entre los dioses y entre los hombres. A este dios, Fedro, consagro mi discurso, que he pronunciado lo mejor que he podido.»

Cuando Agatón terminó de hablar, le aplaudieron todos los oyentes, que declararon había hablado de una manera digna de un dios y de él; después se dirigió Sócrates a Erixímaco: Y bien, hijo de Acúmeno, dijo, ¿no tenía yo motivos de temor y no he sido buen profeta cuando os anuncié que Agatón pronunciaría un admirable discurso y me pondría en un grave aprieto? —Has sido un buen profeta, dijo Erixímaco, al decimos que Agatón hablaría muy bien; pero me figuro que no al predecirnos que ibas a verte apurado. —Pero, querido amigo, replicó Sócrates, ¿quién no se apuraría tanto como yo teniendo que hablar después de un discurso tan bello, tan variado y tan admirable en todas sus partes, pero principalmente al final, en que las expresiones son de una belleza tan acabada que no se las podría escuchar sin sentirse emocionado? Me siento tan incapaz de decir nada tan bello, que avergonzado habría desertado de mi puesto si me hubiera sido posible, porque la elocuencia de Agatón me ha recordado a Gorgias hasta tal punto, que verdaderamente me ha ocurrido lo que dice Homero: «Temí que al acabar Agatón no lanzara sobre mi discurso la cabeza de Gorgias,[12] el terrible orador, y petrificara mi lengua». Al mismo tiempo reconocí mi ridiculez al comprometerme con vosotros a celebrar el Amor cuando me llegara el turno, y sobre todo al vanagloriarme de ser un sabio en el amor, yo que no sé alabar nada. En efecto, hasta ahora había sido bastante ingenuo para creer que en un panegírico solo debían citarse hechos verdaderos; que esto era lo esencial y que después solo se trataría de escoger en-

12. Alusión a un pasaje de la *Odisea*, XI, v. 632; con un juego de palabras, ya que la cabeza de la Gorgona es la que, con su mirada, petrificaba a cualquier oponente.

tre esas cosas las más bellas y disponerlas de la manera más conveniente. Tenía, pues, gran esperanza en hablar bien, creyendo saber la verdadera manera de alabar. Pero parece que este método no vale nada y que es preciso atribuir las mayores perfecciones al objeto cuyo elogio se ha propuesto hacer, aunque no las tenga, porque la veracidad o la falsedad en esto no tienen importancia, como si se hubiese convenido, a lo que parece, en que cada uno de nosotros aparentará hacer el elogio del Amor, pero en realidad no lo hiciera. Por esto me figuro que atribuís al Amor todas las perfecciones y que lo describís tan grande y causa de tan grandes cosas; queréis hacerlo parecer muy bello y muy bueno; me refiero a los que no conocen el asunto, no ciertamente a la gente ilustrada. Esta manera de alabar es hermosa e imponente, pero me era completamente desconocida cuando os prometí alabarlo en el momento en que me llegara mi turno. Ha sido, pues, mi lengua y no mi corazón quien contrajo este compromiso.[13] Per-

13. Alusión a un verso del *Hipólito* de Eurípides, v. 612.

mitidme, por tanto, que le rompa, porque todavía no estoy en disposición de haceros un elogio de este género. Pero si queréis hablaré a mi manera, refiriéndome solamente a cosas verdaderas sin caer en el ridículo de pretender contender con vosotros disputándoos la elocuencia. Mira, pues, Fedro, si te conviene escuchar un elogio que ni irá más allá de los límites de la verdad y en el que no habrá efectos rebuscados en las palabras ni en su sintaxis. —Fedro y las otras personas de la asamblea le dijeron que hablara como quisiera. —Permíteme entonces, Fedro, que antes haga algunas preguntas a Agatón, a fin de que, seguro de su consentimiento, pueda hablar con más confianza. —Puedes preguntarle cuanto gustes, respondió Fedro. Y Sócrates comenzó:

«Encuentro, mi querido Agatón, que entraste admirablemente en materia al decir que había que empezar por enseñar ante todo cuál es la naturaleza del amor, y en seguida cuáles sus efectos. Tu proemio me ha complacido. Veamos ahora, después de todo lo magnífico y bello que has dicho de la naturaleza del amor, lo que me contestas a esta pregunta: ¿Es el amor de alguna cosa o de nada?[14] Y no te pregunto si es hijo de un padre o de una madre porque sería ridículo. Pero si, por ejemplo, y a propósito de un padre, te preguntara si es o no padre de alguien, tu respuesta para ser justa debería ser que es padre de un hijo o de una hija; ¿no es así? —Sí, sin duda, dijo Agatón. —¿Y sería lo mismo de una madre? Agatón volvió a mostrarse conforme. —Permíteme que te haga todavía algunas preguntas para descubrirte mejor mi pensamiento: un hermano, por su calidad de serlo, ¿es hermano de alguien o no? —Tiene que ser hermano de alguien, respondió Agatón. —De un hermano o de una hermana. Agatón dijo que sí. —Procura, pues, replicó Sócrates, mostrarnos si el Amor no es el amor de nada o si lo es de alguna cosa. —De alguna cosa seguramente. —Retén en tu memoria lo que afirmas y no olvides que el Amor es amor; pero antes de ir más lejos, dime si el Amor desea la cosa de la que es amor. —Sí, ciertamente. —Pero, prosiguió

14. La locución griega *tinos éros* significa a la vez el «amor de alguna cosa» y «el amor hijo de alguien».

Sócrates, ¿posee la cosa que desea y ama o no la posee? —Me parece lo más verosímil que no la posea, contestó Agatón. —¿Verosímil? Piensa más bien si no es preciso que al que desea le falta la cosa que desea o bien que no la desee si no le falta. A mí, Agatón, me parece necesaria esta consecuencia. ¿Y a ti? —A mí también. —Perfectamente: así, ¿el que es alto desearía ser alto; el que es fuerte, fuerte? —Esto es imposible después de lo que hemos convenido. —Porque no se sabría prescindir de lo que se tiene. Tienes razón. —Si el que es fuerte, replicó Sócrates, deseara ser fuerte, el que es ágil ser ágil y el que está bien de salud estarlo..., puede ser que alguno se imagine en este caso y otros análogos que los que son fuertes, ágiles y están sanos y poseen todas estas ventajas desean todavía lo que ya poseen. Para que no caigamos en una ilusión semejante es por lo que insisto acerca de esto. Si quieres reflexionar un poco verás que lo que esta gente posee lo posee necesariamente, quiera o no; ¿cómo, pues, lo desearía? Si alguno rico y hallándose perfectamente bien me dijese: Estoy rico y sano y deseo la riqueza y la salud; deseo, por consiguiente, lo que ya tengo, podríamos responderle: Posees riquezas, salud y fuerza; si las deseas es para el porvenir porque ahora, quieras o no, las tienes. Mira, pues, si cuando dices: deseo una cosa que ahora poseo, ¿no significa esto: deseo poseer en el porvenir lo que tengo en este momento? ¿No crees que dirá que sí? —Estoy convencido de ello. —Pues bien, continuó Sócrates, ¿no es amar lo que no se está seguro de poseer, lo que no se posee todavía, el desear tenerlo en el porvenir como lo que actualmente se posee? —Sin duda. Entonces, en este caso, como en cualquier otro, quien quiera que desee desea lo que no está seguro de poseer en aquel momento, lo que no posee, lo que no tiene y lo que le falta. Esto es lo que es desear y amar. —Ciertamente. —Reparemos, añadió Sócrates, en todo lo que acabamos de decir. Primero: que el Amor es amor de alguna cosa, y, en segundo lugar, de una cosa que falta. —Sí, dijo Agatón. —Acuérdate ahora de que, según tú, el Amor es amor. Si quieres te lo recordaré. —Has dicho, me parece, que la concordia se restableció entre los dioses por el amor de lo bello, porque no hay amor de la fealdad. ¿No es esto lo que has dicho? —En efecto, lo he dicho. Y con razón, querido amigo. Y si es así, ¿el Amor es, pues, el amor de la belleza y no de la fealdad? Agatón asintió. Pero ¿no convinimos en que se aman las cosas que nos hacen falta y que no poseemos? —Sí. —Entonces el Amor carece de belleza y no la posee. —Necesariamente. —Pero ¿llamas bello a lo que le falta la belleza y no la posee de ninguna clase? —No, por cierto. —Y si es así, ¿sigues asegurando todavía que el amor es bello? —Temo mucho no haber comprendido bien lo que dije, respondió Agatón. Hablabas muy cuerdamente, Agatón, pero continúa contestándome: ¿Te parece que las cosas buenas son bellas? —Me lo parece. —Si, pues, el Amor carece de belleza y lo bello es inseparable de lo bueno, el Amor carece también de bondad. —Hay que reconocerlo así, porque no hay posibilidad de resistirse a ti, Sócrates. —A la verdad, querido Agatón, es a la que no es posible resistirse, porque resistirse a Sócrates no tiene ninguna dificultad. Pero ahora voy a dejarte en paz para ocuparme de un discurso que me dijo un día una mujer de Mantinea llamada Diotima. Era una mujer muy versada en todo lo concerniente al Amor y a muchas otras cosas. Ella fue la que prescribió a los atenienses los sacrificios que suspendieron durante diez años una peste que los amenazaba. Todo lo que sé del Amor lo aprendí de ella. Voy a tratar de repetir lo mejor que pueda, después de lo que tú y yo hemos convenido, Agatón, la conversación que tuve con ella; y para no apartarme de tu método, explicaré primero lo que es Amor y a continuación cuáles son sus defectos. Me parece que me será más fácil repitiéndoos fielmente la conversación que mantuvimos la extranjera y yo.

»Había dicho a Diotima casi las mismas cosas que Agatón acaba de decir: que el Amor era un gran dios y lo era de las cosas bellas. Y ella se servía de las mismas razones que acabo de emplear contra Agatón para probarme que no era bello ni bueno. Le repliqué: Pero ¿qué dices, Diotima, que el Amor es feo y malo? —Habla mejor, me respondió ella. ¿Crees que todo lo que no es bello tiene forzosamente que ser feo? —Lo creo, sí. —¿Y que no se puede carecer de ciencia sin ser un ignorante?, ¿o no has observado que existe un término medio entre la sabiduría y la ignorancia? —¿Cuál es? —Tener formada una opinión verdadera sin poder dar la razón de ella; ¿no sabes que eso no es ni ser sabio, porque la ciencia tiene que fundarse en razones, ni ser ignorante, puesto que a lo que participa de la verdad no se le puede llamar ignorancia? La opinión verdadera ocupa, pues, el justo término entre la ciencia y la ignorancia. Confesé a Diotima que tenía razón. —Pues no deduzcas entonces, replicó ella, que todo lo que no es bello tiene necesariamente que ser feo y que todo lo que no es bueno ha de ser por fuerza malo. Y por haber tenido que reconocer que el amor no es bello ni bueno no vayas a creer que necesariamente sea feo y malo; creo solamente que es un término medio entre lo uno y lo otro, o sea, entre los contrarios. —Sin embargo, le repliqué, todo el mundo está de acuerdo en afirmar que el Amor es un dios muy grande. —Al decir todo el mundo, ¿a quién te refieres, Sócrates; a los sabios o a los ignorantes? —A todo el mundo sin excepción, repuse. —¿Cómo puede pasar por un gran dios entre aquellos que ni siquiera le reconocen por un dios? —¿Quiénes pueden ser esos?, dije. —Tú y yo, me respondió ella. —¿Cómo puedes probármelo? —No me va a ser difícil. Contéstame. ¿No me has dicho que todos los dioses son bellos y dichosos o te atreverías a pretender que hay algunos de ellos que no sean dichosos ni bellos? —No, ¡por Zeus! —¿No llamas dichosos a los poseedores de las cosas bellas y buenas? —Ciertamente. —Pero conviniste en que el Amor desea las cosas buenas y bellas y que el deseo es una prueba de privación. —En efecto, convine en ello. —¿Cómo pues, replicó Diotima, puede el Amor ser un dios estando privado de lo que es bello y bueno? —Parece que tiene que ser imposible. —¿No ves, pues, que tú también piensas que el Amor no es un dios? —¿Qué?, le respondí, ¿acaso es mortal el Amor? —No. —Pues entonces dime, Diotima, ¿qué es? —Es, como te decía hace un momento, algo intermedio entre lo mortal y lo inmortal. —Pero, en fin, ¿qué es? —Un gran demonio, Sócrates, porque todo demonio ocupa el medio entre los dioses y los hombres. —¿Qué función tienen los demonios?, pregunté. —Ser los intérpretes e intermediarios entre los dioses y los hombres, llevar al Cielo las plegarias y sacrificios de los hombres y transmitir a estos los mandatos de los dioses y la remuneración de los sacrificios que les ofrecieron. Los demonios pueblan al intervalo que separa al Cielo de la Tierra y son el lazo que une el gran todo. De ellos proviene toda la ciencia de la adivinación y el arte de los sacerdotes en lo que se refiere a los sacrificios, a los misterios, encantamientos, profecías y la magia. Como la naturaleza divina no entra jamás en comunicación directa con los hombres, es por medio de los demonios como los dioses alternan y hablan con ellos, sea en el estado de vigilia o durante el sueño. El que es sabio en todo esto es un demonio, y el que es hábil en lo demás, en las artes y en los oficios, un hombre vulgar. Los demonios son numerosos y de varias especies, y el Amor es uno de ellos. ¿A qué padres debe el haber nacido?, dije a Diotima. —Voy a decírtelo, aunque sea un poco largo, me contestó.

»Cuando nació Afrodita celebraron los dioses un gran festín y entre ellos se encontraba Poros,[15] hijo de Metis.[16] Después de la gran comida se presentó Penía[17] solicitando unas migajas sin atreverse a pasar de la puerta. En aquel momento Poros, embriagado de néctar (porque entonces todavía no se bebía vino), salió de la sala y entró en el jardín de Zeus, donde el sueño no tardó en cerrar sus párpados cansados. Penía entonces, instigada por su penuria, ideó tener un hijo de Poros; se acostó a su lado y fue madre del Amor. He aquí por qué el Amor fue el compañero y servidor de Afrodita, puesto que fue concebido el mismo día que ella nació, y además porque por su naturaleza ama la belleza y Afrodita es bella. Y como hijo de Poros y de Penía, mira cuál fue su herencia: desde luego es pobre, y lejos de ser hermoso y delicado, como se piensa generalmente, está flaco y sucio, va descalzo, no tiene domicilio, ni más lecho ni abrigo que la tierra; duerme al aire libre en los quicios de las puertas y en las calles; en fin, está siempre, como su madre, en

15. «Abundancia».
16. «Astucia» o «Inteligencia».
17. «Pobreza».

precaria situación. Pero, por otra parte, ha sacado de su padre el estar siempre sobre la pista de todo lo que es bueno y bello; es varonil, osado, perseverante, gran cazador, siempre inventando algún artificio, ansioso de saber y aprendiendo con facilidad, filosofando incesantemente, encantador, mago y sofista. Por su naturaleza no es mortal ni inmortal; pero en un mismo día está floreciente y lleno de vida mientras está en la abundancia, y luego se extingue para revivir por efecto de la naturaleza paterna. Todo lo que adquiere se le escapa sin cesar, de manera que nunca es rico ni pobre. Al mismo tiempo se encuentra entre la sabiduría y la ignorancia, porque ningún dios filosofa ni desea ser sabio, puesto que la sabiduría va anexa a la propia naturaleza divina, y en general quien es sabio no filosofa. Lo mismo ocurre a los ignorantes; ninguno de ellos filosofa ni desea llegar a ser sabio, porque la ignorancia tiene el enojoso defecto de convencer a los que no son hermosos, ni buenos, ni sabios, de que poseen estas cualidades, y nadie desea las cosas de las que no se cree desprovisto. —Pero Diotima, ¿quiénes son, pues, los que filosofan si no lo son los sabios ni los ignorantes? —Hasta para un niño es evidente, dijo ella, que son los que están entre los ignorantes y los sabios, y el Amor es lo que es amado y no lo que ama. Creo que el Amor es de ese número. La sabiduría es una de las cosas más bellas del mundo; ahora bien: el Amor ama lo que es bello, luego hay que convenir en que el Amor es amante de la sabiduría, es decir, filósofo, y como tal ocupa el lugar entre el sabio y el ignorante. Esto lo debe a su nacimiento, porque es hijo de un padre sabio y rico y de una madre que no es rica ni sabia. Tal es, mi querido Sócrates, la naturaleza de este demonio. No me sorprende la idea que de él te habías formado, porque creías, por lo que he podido conjeturar por tus palabras, que el Amor es lo que es amado y no lo que ama. Creo que el Amor te parecía muy bello porque lo amable es la belleza real, la gracia, la perfección y el soberano bien. Pero el que ama es de una naturaleza muy diferente, como acabo de explicar. —Está bien, extranjera, sea: razonas muy bien, pero si el Amor es como dices, ¿qué utilidad presta a los hombres? —Esto es, Sócrates, lo que ahora voy a procurar hacerte comprender. Conocemos la naturaleza y el origen del Amor, que es, como dices, el amor de lo bello. Pero si alguno de nosotros pregunta: ¿qué es el amor de lo bello, Sócrates y Diotima?, o para hablar más claramente: el que ama a lo bello, ¿qué es lo que ama? —Poseerlo, respondí. —Esta respuesta exige nueva pregunta, dijo ella: ¿qué ganará con la posesión de lo bello? Repuse que no estaba en disposición de contestar inmediatamente a aquella pregunta. —Y si se cambiasen los términos y poniendo lo bueno en lugar de lo bello y te preguntaran: Sócrates, el que ama lo bueno, ¿qué es lo que ama? —Poseerlo. —¿Y qué ganará poseyéndolo? —Esta vez me parece más fácil la respuesta: que será dichoso. —Porque la posesión de las cosas buenas hace dichosos a los seres y ya no hay necesidad de preguntar por qué el que quiere ser dichoso quiere serlo; tu respuesta me parece que satisface a todo. —Es verdad, Diotima. —Pero ¿te imaginas que este amor y esta voluntad sean comunes a todos los hombres y que todos quieren siempre tener lo que es bueno u opinas de otro modo? —No; creo que todos tienen siempre este deseo y esta voluntad. —¿Por qué, pues, Sócrates, no decimos de todos los hombres que aman, si todos aman siempre la misma cosa? ¿Por qué lo decimos de los unos y no de los otros? —Esto me extraña mucho. —Pues no te extrañe: nosotros distinguimos una especie particular de amor y la llamamos amor, con el nombre de todo el género, mientras que para las demás especies empleamos términos diferentes. —Por favor, un ejemplo. —He aquí uno. Sabes que la palabra poesía[18] tiene numerosas acepciones; en general, expresa la causa que haga pasar lo que quiera que sea del no ser al ser, de manera que toda obra de arte es una *poesía*, y todo artista y todo obrero, un poeta. —Es verdad. —Y, sin embargo, ves que no se les llama poetas, sino que se les da otros nombres, y que una sola especie de poesía tomada separadamente, la música y el arte de los versos, ha recibido el nombre de todo el género. Y, en efecto, esta sola especie es la que se llama poesía y únicamente a los

18. *Poíesis* significa, en general, la acción de hacer, pero particularmente la acción de hacer versos y música.

que la poseen se les da el nombre de poetas. —También es verdad. —Lo mismo ocurre con el amor; en general, es el deseo de lo que es bueno y nos hace felices; es el gran amor seductor innato de todos los corazones. Pero de todos los que en las diversas direcciones tienden a este fin, hombres de negocios, atletas, filósofos, no se dice que aman y no se los llama amantes; solo a los que se entregan a una especie de amor se les da el nombre de todo el género y solo a ellos se les aplican las palabras amar, amor y amantes. —Me parece que tienes razón, le dije. —Se ha dicho, siguió diciendo Diotima, que buscar la mitad de sí mismo es amar, pero yo pretendo que amar no es buscar la mitad ni el todo de sí mismo cuando ni esta mitad ni este todo son buenos; y la prueba, amigo mío, es que consentimos en dejarnos cortar el brazo o la pierna, aunque nos pertenecen, si juzgamos que estos miembros están atacados de un mal incurable. En efecto, no es lo nuestro lo que amamos, a menos que solo miremos como nuestro y perteneciéndonos por derecho propio lo que es bueno y como extraño lo malo, porque los hombres solo aman lo bueno.

¿No es esta tu opinión? —¡Por Zeus!, pienso como tú. —¿Basta entonces con decir que los hombres aman lo bueno? —Sí. —Pero ¿no es preciso añadir que también desean poseerlo? —Sí; es preciso. —¿Y no solamente poseerlo, sino poseerlo siempre? —También es preciso. —En suma, pues, consigue el amor en querer poseer siempre lo bueno. —Nada tan exacto, respondí. —Si tal es en general el amor, ¿cuál es el acto particular en que el buscar y perseguir con ardor lo bueno toma el nombre de amor? ¿Cuál es? ¿Puedes decírmelo? —No, Diotima; si no fuera así no estaría admirando tu sabiduría y no habría venido a buscarte para aprender de ti estas verdades. —Pues te lo voy a decir: es la producción en la belleza, sea por el cuerpo o sea por el alma. —He aquí un enigma que exige un adivino para solucionarlo; te confieso que no lo comprendo. —Voy a hablar más claramente. Todos los hombres, Sócrates, son aptos para engendrar lo mismo corporal que espiritualmente, y cuando llegan a cierta edad su naturaleza los incita a producir. Pero esta no puede producir en la fealdad, sino en la belleza; la unión del hombre y de la mujer es una producción, y esta producción una obra divina, fecundación y generación, a las cuales el ser mortal debe su inmortalidad. Pero estos efectos no podrían verificarse en lo que es discordante. Más: la fealdad no puede armonizar con nada que sea divino; únicamente la belleza. La belleza es, pues, para la generación lo que la Moira[19] y la Ilitía.[20] Por esto el ser fecundante, al acercarse lleno de amor y júbilo a lo bello, se dilata, engendra y produce. En cambio, cuando triste y enfriado se aproxima a la fealdad, se vuelve de espaldas, se contrae, torna reservado y no engendra, llevándose con dolor su germen fecundo. En el ser fecundante y lleno de vigor para producir, es este el origen de la ardiente persecución de la belleza que debe librarle de grandes dolores. Porque la belleza, Sócrates, no es como te imaginas el objetivo del amor. —¿Cuál es entonces? —La generación y la producción en la belleza. —Sea, respondí. —No cabe dudarlo, replicó Diotima. —Pero ¿por qué es la generación el

19. Diosa del destino.
20. Diosa del parto.

objeto del amor? —Porque la generación es la que perpetúa la familia de los seres animados y le da inmortalidad compatible con la naturaleza mortal. Pero después de todo lo que hemos convenido es necesario unir al deseo de lo bueno el deseo de la inmortalidad, puesto que el amor consiste en desear que lo bueno nos pertenezca siempre. De esto se deduce que la inmortalidad es también un objetivo del amor.

»Tales fueron las enseñanzas que me dio Diotima en nuestras conversaciones acerca del amor. Un día me dijo: —¿Cuál es, según tú, Sócrates, la causa de este deseo y de este amor? ¿No has observado el estado extraño en que se encuentran los animales terrestres y volátiles cuando sienten el deseo de engendrar? ¿Cómo enferman todos, qué agitación amorosa al principio durante la época del acoplamiento; después, cuando se trata de alimentar a su progenie, cómo hasta los más débiles están siempre dispuestos a luchar contra los más fuertes y a morir por ella y cómo se imponen hambre y toda clase de privaciones para que aquella pueda vivir? Tratándose de los hombres, podría creerse que obran así por convicción, pero de los animales, ¿sabrías decirme dónde adquieren estas disposiciones amorosas? Le contesté que lo ignoraba. —Ignorando esto, ¿esperas llegar a ser sabio algún día en cosas del amor? —Pero Diotima, para serlo he venido a buscarte, sabedor de que tengo necesidad de lecciones. Explícame, pues, lo que te pedí me explicaras y todas las demás cosas que se relacionan con el amor. —Pues bien, dijo ella, si crees que el objeto natural del amor es el que hemos convenido varias veces, no debe preocuparte mi pregunta, porque aquí, como precedentemente, es también la naturaleza mortal la que quiere perpetuarse y hacerse tan inmortal como le es posible. Y el único medio de que dispone para lograrlo es el nacimiento, que sustituye a un individuo viejo por un joven. Efectivamente, por más que se diga de un individuo, desde que nace hasta que muere, que vive y que es siempre el mismo, en realidad no se encuentra nunca en el mismo estado ni en la misma envoltura, sino muere y renace sin cesar en sus cabellos, en su carne, en sus huesos, en su sangre, en una palabra, en todo su cuerpo, y no solamente en su cuerpo, sino también en su alma; sus hábitos, costumbres, opiniones, deseos, placeres, penas, temores y todas sus afecciones no permanecen nunca los mismos; nacen y mueren continuamente. Pero lo más sorprendente es que no solo nacen y mueren en nosotros nuestros conocimientos de la misma manera (porque en este sentido cambiamos incesantemente), sino que cada uno de ellos en particular experimenta las mismas vicisitudes. En efecto, lo que llamamos reflexionar se refiere a un conocimiento que se borra, porque el olvido es la extinción de un conocimiento. Pero al formar la reflexión en nosotros un nuevo recuerdo que sustituye al que se va, conserva en nosotros ese conocimiento tanto, que creemos que es el mismo. Así se conservan todos los seres mortales; no permanecen en absoluto y siempre los mismos, como lo que es divino, pero el que envejece deja en su lugar un individuo joven parecido a lo que era él mismo. Aquí tienes, Sócrates, cómo todo lo que es mortal, el cuerpo y lo demás, participa de la inmortalidad. En cuanto al ser inmortal, es por otra razón. No te asombre, pues, que todos los seres animados asignen tanta importancia a su descendencia, porque es del deseo de la inmortalidad de donde proceden la solicitud y el amor que los animan. Después que hubo hablado de esta suerte, le dije, poseído de admiración: —Muy bien, sapientísima Diotima; pero ¿es realmente como dices? Ella, con el tono de un perfecto sofista, me contestó: —No lo dudes, Sócrates, y si ahora quieres reflexionar un poco acerca de la ambición de los hombres, te parecerá poco de acuerdo con estos principios, a menos que no pienses en lo muy poseídos que están los hombres del deseo de crearse un nombre y de adquirir una gloria inmortal en la posteridad, y que este deseo, más aún que el amor paternal, es lo que los lleva a afrontar todos los peligros, sacrificar su fortuna, soportar todas las fatigas y hasta perder la vida. ¿Crees efectivamente que Alcestis hubiera sufrido la muerte en lugar de Admeto; que Aquiles la habría buscado para vengar a Patroclo y que vuestro Codro se habría sacrificado para asegurar la realeza a sus hijos, si no hubiesen esperado dejar este imperecedero recuerdo de su virtud que aún vive entre nosotros? Era preciso, continuó

Diotima. Pero para esta inmortalidad de la virtud, para esta noble gloria, no creo que haya nada tan eficaz como que cada uno obre con tanto más ardor mientras más virtuoso sea, porque todos aman lo que es inmortal. Los que son fecundos según el cuerpo aman a las mujeres y se dirigen con preferencia a ellas, creyendo asegurarse por la procreación de hijos la inmortalidad, la perpetuidad de su nombre y la felicidad en el transcurso de los tiempos. Pero los que son fecundos por el espíritu..., porque hay quienes son mucho más fecundos del espíritu que del cuerpo para las cosas que el espíritu es llamado a producir. ¿Qué cosas son estas que el espíritu es llamado a producir? La sabiduría y las otras virtudes nacidas de los poetas y de todos los artistas dotados del genio de la inventiva. Pero la sabiduría más excelsa y más bella es la que preside al gobierno de los Estados y de las familias humanas y se la denomina prudencia y justicia. Cuando, pues, un mortal divino lleva en su alma desde la infancia el germen de estas virtudes y llegado a la madurez de la edad desea engendrar y producir, va errante de un lado a otro buscando la belleza en la cual podrá engendrar, porque jamás podría en la fealdad. En el ardor de producir se aficiona, pues, a los cuerpos hermosos con preferencia a los feos, y si encuentra en un cuerpo bello un alma también bella, generosa y bien nacida, esta reunión le complace soberanamente, y para un hombre tal encuentra en seguida una abundancia de discursos acerca de la virtud, los deberes y ocupaciones del hombre de bien, dedicándose a instruirle, porque el contacto y el comercio con la belleza le hacen engendrar y producir aquello cuyo germen llevaba. Ausente y presente, piensa siempre en su bienamado y en común alimenta a los frutos su unión. Por esto son mucho más fuertes e íntimos que los lazos de la familia y los lazos y la afección que los unen, porque sus hijos son más bellos y más inmortales. Y no hay nadie que no prefiera tales hijos a toda otra posteridad si considera y admira las producciones que Homero y Hesíodo dejaron y el renombre y el recuerdo inmortal que esos hijos inmortales proporcionan a sus padres; o bien si se acuerda de los hijos que Licurgo dejó a Lacedemonia, que fueron la salvación de aquella ciudad y hasta diría que de toda Grecia. A Solón también lo reverencian como padre de las leyes, y a otros grandes hombres se les tributa honores, lo mismo en Grecia que en las comarcas de los bárbaros, porque produjeron una porción de obras admirables y engendraron toda clase de virtudes. Tales hijos son los que les han valido templos; pero los hijos del cuerpo en ninguna parte han servido para honrar a sus padres.

»Es posible, Sócrates, que hasta aquí haya logrado iniciarte en los misterios del Amor; pero del último grado de iniciación y de las revelaciones más secretas, de todo lo que te he estado diciendo, no es más que una preparación, no sé, si aún bien dirigido, podrá tu espíritu elevarse hasta ellos. No por esto dejará de continuar mi celo prosiguiendo tu enseñanza sin debilitarse. Procura seguirme lo mejor que puedas.

»El que quiera llegar a este fin por el camino verdadero debe empezar a buscar los cuerpos bellos y hermosos desde su edad temprana; si está bien dirigido debe también, además, no amar más que a uno solo y engendrar bellos discursos en el que haya elegido.

A continuación deberá llegar a comprender que la belleza que se muestra en un cuerpo cualquiera es hermana de la que se encuentra en todos los otros. En efecto, si hay que buscar la belleza en general, sería una verdadera locura no creer que la belleza que reside en todos los cuerpos es una e idéntica. Una vez penetrado de este pensamiento deberá mostrarse amante de todos los cuerpos bellos y despojarse, como de una menospreciada futesa, de toda pasión que se encontrara en uno solo. Después aprenderá a estudiar la belleza del alma, considerándola mucho más preciosa que la del cuerpo, de tal manera, que un alma bella, aun en un cuerpo privado de atractivos, basta para atraer su amor y su interés y para hacerle engendrar en ella los discursos más a propósito para el perfeccionamiento de la juventud. Por este medio se verá forzosamente obligado a contemplar la virtud que se encuentra en las acciones de los hombres y en las leyes y a ver que esa cualidad es idéntica a ella misma en todas partes, y, por consiguiente, a hacer poco caso de la belleza corporal. De los actos de los hombres pasará a las ciencias para contemplar su belleza, y entonces, con un concepto más amplio de lo bello, no estará ya encadenado como un esclavo en el estrecho amor de un mancebo o adolescente, de un hombre o de una sola acción, sino que, lanzado al océano de la belleza y alimentando sus ojos con el espectáculo, engendrará con inagotable fecundidad los discursos y pensamientos más bellos de la filosofía hasta que, habiendo fortificado y aumentado su espíritu con esta sublime contemplación, no vea más que una ciencia: la de lo bello.

»Préstame ahora toda la atención de que seas capaz. Quien esté iniciado en los misterios del amor hasta el punto en que estamos, después de haber recorrido en un orden conveniente, todos los grados de lo bello, llegado al término de la iniciación, descubrirá de repente una maravillosa belleza, la que era el objetivo de todos sus trabajos anteriores: belleza eterna, increada e imperecedera, exenta de incremento y de disminución, belleza que no es bella en tal arte y fea en otra, bella por un concepto y fea por otro, bella en un sitio y fea en otro, bella para unos y fea para otros; belleza que no tiene nada sensible como en un rostro y unas manos ni nada corpóreo, que no es tampoco un discurso o una ciencia, que no reside en un ser diferente de ella misma, en un animal, por ejemplo, o en la Tierra o en el Cielo o en cualquier otra cosa, pero que existe eterna y absolutamente por ella misma y en ella misma, de la cual participan todas las demás bellezas, sin que su nacimiento ni su destrucción le aporten la menor disminución ni el menor incremento ni la modificación en nada. Cuando de las bellezas inferiores se ha elevado uno por un amor a los jóvenes, bien entendido, hasta esta belleza perfecta, y se empieza a entreverla, estará muy próxima la consecución del objetivo, porque el camino recto del amor, que lo siga uno por sí mismo o guiado por otro, hay que empezarlo por la belleza de aquí abajo hasta elevarse a las alturas en que impera la belleza suprema, pasando, por decirlo así, por todos los peldaños de la escala, de un cuerpo bello o dos, de dos a todos los otros, de los cuerpos bellos a las bellas ocupaciones a las ciencias bellas, hasta que de ciencia en ciencia se llega a la ciencia por excelencia, que no es otra que la ciencia de lo bello mismo, y se termine conociéndolo tal como es en sí. ¡Oh, mi querido Sócrates!, continuó la extranjera de Mantinea, si alguna cosa da valor a esta vida es la contemplación de la belleza absoluta; y si llegas a contemplarla, ¡qué te parecerán después el oro y las joyas, los niños más bellos y esos jóvenes, cuya vista te turba y encanta, y lo mismo a otros muchos, que por ver sin cesar a los que amáis, por estar incesantemente con ellos, si fuere posible hasta os privaríais de comer y beber y pasaríais la vida a su lado absortos en su contemplación! ¿Qué pensar de un mortal a quien le fuera dado contemplar la belleza pura, simple y sin mezcla, no revestida de carne, de colores luminosos ni de todas las otras vanidades perecederas, sino la belleza divina misma? ¿Crees que sería un miserable destino tener fijos los ojos en ella y gozar de la contemplación y de la compañía de un objeto tal? ¿No crees, al contrario, que el hombre, que fuera el único aquí abajo que percibiera lo bello por el órgano al cual lo bello le es perceptible, podría él solo engendrar no imágenes de la virtud, puesto que no se une a imágenes, sino verdaderas virtudes, ya que con lo que se une es la verdad? Y al que engendra y alimenta la verdadera virtud es al que le corresponde ser amado de la divinidad, y si algún hombre tiene que ser inmortal es este sobre todos.

»Tales fueron, mi amado Fedro y todos los que me escucháis, los discursos de Diotima, que me persuadieron y con los que a mi vez trato de convencer a los demás de que para conseguir un gran bien encontrará difícilmente la naturaleza humana un auxiliar más poderoso que el Amor. También digo que todo hombre debe honrar al Amor. De mí os digo que venero todo cuanto a él se refiere y que hago de ello un culto particular y lo recomiendo a los otros; en este mismo instante acabo de celebrar lo mejor que he podido, como hago sin cesar, el poder y la fuerza del Amor. Y ahora dime, Fedro, si ese discurso puede ser llamado un elogio al Amor, y si no, dale el nombre que mejor te plazca».

Al terminar de hablar Sócrates llovieron sobre él las alabanzas, pero Aristófanes se disponía a hacer algunas observaciones porque Sócrates en su discurso había hecho una alusión a una cosa que él había dicho, cuando de repente se oyó mucho ruido en la puerta exterior y fuertes golpes redoblados en ella; al mismo tiempo se pudieron distinguir voces jóvenes que debieron haber bebido más de lo conveniente y la de una tocadora de flauta. —Esclavos, exclamó Agatón, id a ver qué es eso; si es alguno de nuestros amigos, hacedlos entrar, y si no, decidles que hemos cesado de beber y que estamos descansando. Un instante después oímos la voz de Alcibíades, medio borracho, que gritaba: —¿Dónde está Agatón? Que me lleven adonde está Agatón. Unos cuantos de sus amigos y la flautista le cogieron bajo los brazos y le llevaron hasta la puerta de nuestra sala. Alcibíades se detuvo; llevaba una guirnalda de violetas y hiedra con numerosas cintas. —Amigos, os saludo, dijo. ¿Queréis admitir en vuestra mesa a un hombre que ha bebido ya bastante? ¿O nos iremos después de haber coronado a Agatón, porque este es el objeto de nuestra visita? Me fue imposible venir ayer pero aquí me tenéis con la corona y las cintas para ceñir con ella la frente del más sabio y hermoso de los hombres, si me está permitido expresarme así. ¿Os reís de mí porque estoy borracho? Reíd tanto como os plazca, porque sé que digo la verdad. Pero veamos; contestadme: ¿me dejáis entrar o no? ¿Beberéis conmigo o no? Todos exclamaron: —¡Que entre y se acomode! El mismo Agatón le llamó. Sostenido por sus amigos se adelantó Alcibíades y mientras se ocupaba de quitarse las cintas y la guirnalda para coronar a Agatón, no vio a Sócrates que estaba frente a él y fue a sentarse precisamente entre Agatón y él, que se había apartado para hacerle sitio. Después de sentarse besó Alcibíades a Agatón y le coronó. —Esclavos, dijo este: descalzad a Alcibíades, que será el tercero en este triclinio. —Con mucho gusto, dijo Alcibíades, pero ¿quién es este tercer bebedor? Y al volverse y ver a Sócrates se levantó bruscamente, exclamando: —¡Por Hércules!, ¿qué es esto? ¿Cómo, Sócrates? ¡Otra vez en acecho para sorprenderme, apareciendo, según acostumbras, en el momento en que menos lo esperaba! ¿Qué has venido a hacer aquí? ¿Por qué ocupas este sitio? ¿Cómo te las has arreglado para en vez de sentarte al lado de Aristófanes o de algún otro de los que bromean te encuentro al lado del más bello de la compañía? —¡Socorro,

Agatón!, replicó Sócrates. El amor de este hombre es para mí un verdadero apuro. Desde que empecé a amarle no puedo mirar ni hablar a ningún joven, sin que por despecho o celos se libre a excesos increíbles, colmándome de injurias y conteniéndose con dificultad para no unir los golpes a las recriminaciones. Ten, pues, cuidado de que ahora mismo no la emprenda contra mí y se deje llevar de un arrebato de este género; procura que haga la paz conmigo o protégeme si quiere entregarse a alguna violencia, porque tengo miedo de su amor y de sus furores celosos. No habrá paz entre nosotros, dijo Alcibíades, pero dejaré la venganza para otra ocasión. Ahora, Agatón, ten la bondad de devolverme unas cuantas cintas de tu guirnalda para que ciña con ella la maravillosa cabeza de este hombre. No quiero que pueda reprocharme no haberle coronado como a ti, a él, que en los discursos triunfa de todo el mundo, no solo en una ocasión, como tú ayer, sino siempre. Cogió unas cintas, coronó a Sócrates, se dejó caer sobre el triclinio y después de acomodarse dijo: —¿Qué es esto, amigos míos? Me parecíais muy sobrios y no me parece que deba consentíroslo: hay que beber: es lo convenido. Me constituyo en rey del festín hasta que hayáis bebido como es preciso. Agatón, manda a un esclavo que me traiga una copa bien grande, o mejor: esclavo, dame esa vasija.[21] Aquel vaso podría contener más o menos ocho cótilas. Después de haberlo hecho llenar lo apuró Alcibíades el primero y en seguida lo hizo llenar para Sócrates diciendo: —Que nadie vea malicia en lo que hago, porque Sócrates bebería tanto como quisiéramos y nunca se emborracharía. El esclavo llenó el vaso y Sócrates bebió. Erixímaco tomó la palabra entonces y preguntó: —¿Qué vamos a hacer, Alcibíades? ¿Beberemos sin hablar ni cantar y nos contentaremos con imitar a la gente que tiene sed? Alcibíades respondió: —Te saludo, Erixímaco, digno hijo del mejor y más sabio de los padres. —Te saludo igualmente, replicó Erixímaco, pero ¿qué hacemos? —Lo que prescribas, porque es preciso obedecerte:

«Un médico vale él solo por muchos

21. Se refiere al vaso donde se ponían a refrescar las bebidas. Ocho cótilas son un poco más de dos litros.

hombres».[22] Ordena, pues, lo que te agrade. —Entonces, escucha, dijo Erixímaco: antes de tu llegada habíamos acordado que cada uno de nosotros, por turno, empezando por la derecha, haría lo mejor que pudiera el elogio del Amor. Todos hemos cumplido como buenos; es justo que tú, que nada has dicho y que no has bebido menos, cumplas a tu vez. Cuando hayas terminado podrás prescribir a Sócrates el asunto que se te ocurra; él hará lo mismo con su vecino de la derecha y así sucesivamente. —Todo esto está muy bien, dijo Alcibíades: pero ¡querer que un hombre embriagado dispute en elocuencia con gente sobria y de sangre fría! La partida no sería igual. Además, querido, lo que Sócrates dijo hace un momento de mis celos, ¿te ha persuadido o sabes que lo contrario es precisamente la verdad? Porque si en su presencia me atreviera a elogiar a otro que no fuera él, sea un dios o un hombre, no podría contenerse y me maltrataría. —Habla mejor, dijo Sócrates. —¡Por Posidón!, no digas nada, Sócrates, porque estando tú

22. *Ilíada*, XI, v. 514.

presente a nadie alabaré sino a ti. —¡Pues bien, sea!, dijo Erixímaco; haznos si te parece bien el elogio de Sócrates. —¿Cómo lo entiendes, Erixímaco? ¿Crees que es preciso caer sobre ese hombre y vengarme de él delante de vosotros? —¡Eh, joven mancebo!, le interrumpió Sócrates, ¿qué es lo que proyectas? ¿Quieres prodigarme irónicos elogios? Explícate. —Diré la verdad, si lo consientes. —¿Que si lo consiento? Lo exijo. —Te voy a complacer, respondió Alcibíades; pero mira lo que vas a hacer: si digo algo que no sea verdad, interrúmpeme, si quieres, y no temas desmentirme, porque a sabiendas no diré ninguna mentira. Pero si no expongo los hechos con un orden muy exacto, no te extrañes, porque en el estado en que estoy no es muy fácil dar cuenta clara y seguida de tus extravagancias.

»Para elogiar a Sócrates, amigos míos, tendré que recurrir a comparaciones: Sócrates creerá quizá que trato de haceros reír, pero mis imágenes tendrán por objeto la verdad y no la broma. Empiezo diciendo que Sócrates se asemeja a esos silenos que vemos expuestos en los estudios de los escultores, a los que los artistas representan con una flauta o con pitos en la mano; si separáis las dos piezas de que se componen estas estatuas, encontraréis en su interior la imagen de alguna divinidad. Digo en seguida que Sócrates se parece especialmente al Sátiro Marsias. En cuanto al exterior, no me negarás, Sócrates, el parecido, y en cuanto a lo demás, escucha lo que tengo que decir: ¿no eres un presumido burlón? Si lo niegas traeré testigos. ¿No eres también un flautista y mucho más admirable que Marsias? Él encantaba a los hombres con la potencia de los sonidos que su boca arrancaba a los instrumentos, que es lo que todavía hacen hoy quienes ejecutan los aires de este sátiro; en efecto, los que tocaba Olimpo pretendo que son de Marsias, su maestro. Pero gracias a su carácter divino, sea un hábil artista o una mala flautista quien los ejecute, tienen la virtud de arrebatarnos a nosotros mismos y de hacemos conocer a los que tienen necesidad de las iniciaciones y de los dioses; la única diferencia que hay en este asunto entre Marsias y tú, Sócrates, es que sin necesidad de instrumentos, con simples discursos, haces lo mismo que él. Otro que hable, aunque sea el más famoso orador, no nos causa, por decirlo así, ninguna impresión, pero que hables tú mismo o que otro repita tus discursos por poco versado que esté en el arte de la palabra, y todos los que escuchan, hombres, mujeres y adolescentes, se sienten impresionados y transportados. Si no fuera, amigos míos, porque temo que creáis que estoy completamente borracho, os testimoniaría con juramento la impresión extraordinaria que sus discursos me han producido y siguen produciéndome todavía. Cuando le escucho me late el corazón con más violencia que a los coribanes:[23] sus palabras me hacen derramar lágrimas y veo a numerosos oyentes experimentando las mismas emociones. He oído hablar a Pendes y a nuestros más grandes oradores y los he encontrado elocuentes, pero no me hicieron sentir nada parecido. Mi alma no se turbaba ni se indignaba consigo misma de su esclavitud. Pero escuchando a Marsias, la vida que llevo me ha parecido

23. Sacerdotes de Cibeles que en las fiestas de esta diosa danzaban con movimientos descompuestos y extraordinarios al son de ciertos instrumentos.

a menudo insoportable. Tú no discutirás, Sócrates, la verdad de lo que digo, y ahora mismo siento que si prestara oído a tus discursos me resistiría a ellos y me producirían la misma impresión. Es un hombre que me obliga a reconocer que, faltándome muchas cosas, descuido mis propios asuntos para ocuparme de los atenienses. Para alejarme de él tengo que taparme los oídos como para escapar de las sirenas,[24] porque si no, estaría constantemente a su lado hasta el fin de mis días. Este hombre despierta en mí un sentimiento del que nadie me creería susceptible: es el de la vergüenza; sí, únicamente Sócrates me hace enrojecer, porque tengo la conciencia de no poder oponer nada a sus consejos; y sin embargo, después de separarme de él me siento con fuerza para renunciar al favor popular. Por esto huyo de él y procuro evitarle, mas cuando le vuelvo a ver me avergüenzo ante él y enrojezco por haber hecho que mis actos desmintieran mis palabras; y a menudo creo que desearía que no existiera; y no obstante, si esto sucediera, sé que sería mucho más

24. *Odisea*, XII, v. 47.

desgraciado todavía, de manera que no sé cómo debo proceder con este hombre.

»Tal es la impresión que produce en mí y en muchos otros también la flauta de este sátiro. Pero todavía quiero convenceros aún más de lo justo de mi comparación y del poder extraordinario que ejerce sobre los que le escuchan. Porque tenéis que saber que ninguno de nosotros conoce a Sócrates. Puesto que he empezado, os diré todo. Veis el ardiente interés que Sócrates demuestra por los bellos mancebos y adolescentes y con qué apasionamiento los busca y hasta qué extremo le cautivan; veis también que ignora todo y que no sabe nada; al menos así lo parece. ¿No es propio todo esto de un sileno? Enteramente. Tiene todo el exterior que los estatuarios dan a sileno, pero ¡abridle!, mis queridos comensales, ¡qué tesoros no encontraréis en él! Sabed que la hermosura de un hombre le es el objeto más indiferente. Nadie se podría imaginar hasta qué punto la desdeña e igualmente a la riqueza y las otras ventajas que envidia el vulgo. Para Sócrates, carecen de todo valor, y a nosotros mismos nos considera como nada; su vida entera transcurre burlándose de todo el mundo y divirtiéndose en hacerle servir de juguete para distraerse. Pero cuando habla en serio y se abre, no sé si otros habrán visto las bellezas que guarda en su interior; yo sí las he visto y me han parecido tan divinas, tan grandes, tan preciosas y tan seductoras, que creo es imposible resistirse a Sócrates. Pensando al principio que lo que le interesaba en mí era mi belleza, me felicité por mi buena fortuna; creí haber encontrado un medio maravilloso de medrar contando con que complaciéndole en sus deseos obtendría con seguridad de él que me comunicara toda su ciencia. Tenía yo, además, la más elevada opinión de mis atractivos exteriores. Con este fin empecé por despedir al servidor que se hallaba siempre presente en mis entrevistas con Sócrates, para quedarme solo con él. Necesito deciros toda la verdad; escuchadme atentamente, y tú, Sócrates, repréndeme si mintiere. Me quedé, pues, solo con Sócrates, amigos míos; esperaba inmediatamente que me pronunciaría uno de esos discursos que la palabra inspira a los amantes cuando se encuentran sin testigos con el objeto amado, y de antemano experimentaba un placer al imaginármelo. Pero mi esperanza me engañó: Sócrates estuvo conmigo todo el día hablándome como de costumbre, hasta que se retiró. Otro día le desafié a ejercicios gimnásticos, esperando conseguir algo por este medio. Nos ejercitamos y a menudo luchamos juntos sin testigos, pero nada adelanté. No pudiendo conseguir nada por este camino, me decidí a atacarle enérgicamente. Había empezado y no quería declararme vencido antes de saber a qué atenerme. Le invité a cenar como hacen los amantes cuando quieren tender un lazo a sus bienamados; al pronto rehusó, pero con el tiempo concluyó por acceder. Vino, pero apenas hubo cenado quiso marcharse. Una especie de pudor me impidió retenerle. Pero otra vez le tendí un nuevo lazo, y después de cenar prolongué nuestra conversación hasta muy avanzada la noche, y cuando quiso marcharse le obligué a quedarse, pretextando que era demasiado tarde. Se acostó en el lecho en el cual había cenado, que estaba muy cerca del mío, y nos quedamos solos en la sala.

»Hasta aquí no hay nada que no pueda referir delante de quienquiera que sea. Lo que va a seguir no lo oiríais de mis labios si el vino, con la infancia o sin ella, no dijera siempre la verdad, según el proverbio, y porque olvidar un admirable rasgo de Sócrates después de haberme propuesto elogiarlo no me parece justo. Me encuentro además en la misma disposición de ánimo de los que han sido mordidos por una víbora, que no quieren hablar con nadie de su accidente si no es con aquellos a quienes ocurrió lo propio, como los solo capaces de concebir y excusar todo lo que hicieron y dijeron en sus sufrimientos. Y yo, que me siento mordido por algo más doloroso y en el sitio más sensible, llámesele corazón, alma o como se quiera, yo que he sido mordido y estoy herido por los discursos de la filosofía, cuyos dardos son más acerados que el dardo de una víbora, cuando alcanza a un alma joven y bien nacida y la hacen decir o hacer mil cosas extravagantes; viendo en derredor mío a Fedro, Agatón, Erixímaco, Pausanias y Aristodemo, sin contar a Sócrates y a los otros, afectados como yo de la locura y la rabia de la filosofía, no dudo en proseguir delante de vosotros el relato de aquella noche, porque sabréis excusar mis actos; y a todo hombre profano y al sin cultura cerradle con triple candado los oídos.

»Cuando se apagó la lámpara, amigos míos, y los esclavos se hubieron retirado, juzgué que no me convenía usar rodeos con Sócrates y que debía exponerle claramente mi pensamiento. Le toqué, pues, con el codo y le pregunté: —¿Duermes, Sócrates? —Todavía no, me respondió. —¿Sabes en lo que estoy pensando? —¿En qué? —Pienso en que tú eres el solo amante digno de mí y me parece que no te atreves a descubrirme tus sentimientos. De mí puedo asegurarte que me encontraría muy poco razonable si no buscara complacerte en esta ocasión, como en toda otra en la que pudieras quedarme obligado bien por mí mismo o bien por mis amigos. No tengo empeño mayor que el de perfeccionarme todo lo posible y no veo a nadie cuyo auxilio para esto pueda serme más provechoso que el tuyo. Si rehusara alguna cosa a un hombre como tú, temería más verme criticado por los sabios que no por los necios y vulgares concediéndote todo. Y Sócrates me contestó con su habitual ironía:

»Si lo que dices de mí es cierto, mi querido Alcibíades; si tengo, en efecto, el poder de hacerte mejor, no me pareces en verdad poco hábil, y has descubierto en mí una maravillosa belleza muy superior a la tuya. Por consiguiente, al querer unirte a mí y cambiar tu belleza por la mía, me parece que comprendes muy bien tus intereses, porque en vez de la apariencia de lo bello quieres adquirir la realidad y darme cobre para recibir oro.[25] Pero míralo más de cerca, buen joven, no vaya a ser que te engañes acerca de lo que valgo. Los ojos del espíritu no empiezan a ver con claridad hasta la época en que los cuerpos se debilitan, y tú estás todavía muy lejos de ese momento. —Tales son mis sentimientos, Sócrates, le repliqué, y no he dicho nada que no piense; tú adoptarás la resolución que te parecerá más conveniente para ti y para mí. —Está bien, me respondió; la pensaremos y haremos en esto, como en todo, lo que más nos convenga a los dos.

25. Locución proverbial que hace alusión al cambio de armas entre Diomedes y Glauco en la *Ilíada*, VI, v. 236.

»Después de estas palabras le creí alcanzado por el dardo que le había lanzado. Sin dejarle tiempo para añadir una palabra, me levanté envuelto en este mismo manto que veis, porque era invierno, y tendiéndome sobre la vieja capa de este hombre, ceñí con mis brazos a esta divina y maravillosa persona y pasé a su lado toda la noche. Espero, Sócrates, que de todo lo que estoy diciendo no podrás desmentir una palabra. Pues bien: después de tales insinuaciones permaneció insensible y no tuvo más que desdenes y desprecios para mi belleza y no ha hecho más que insultarla, y yo, amigos míos, la juzgaba de algún valor. Sí, sed jueces de la insolencia de Sócrates; los dioses y las diosas pueden ser mis testigos de que me levanté de su lado como me habría levantado del lecho de mi padre o de un hermano mayor.

»Después de esto, ya concebiréis cuál debió ser la situación de mi espíritu. Por una parte, me consideraba menospreciado y por otra admiraba su carácter, su temperancia y la fortaleza de su alma, y me parecía imposible encontrar un hombre que le igualara en sabiduría y en dominio sobre sí mismo: de manera que no podía enfadarme ni pasar sin su compañía y tampoco veía la forma de ganármela, porque sabía muy bien que era mucho más invulnerable al dinero que Ayante al hierro y que el único atractivo al que le creía sensible no había podido nada contra él. Más servil a este hombre que ningún esclavo puede serlo a su amo, fui errante de un lado a otro sin saber qué partido tomar. Tales fueron mis primeras relaciones con él. Más tarde nos encontramos juntos en la expedición contra Potidea, donde fuimos compañeros de mesa. Allí veía a Sócrates descollando no solamente sobre mí, sino sobre todos por su paciencia para soportar las fatigas y penalidades. Si como suele ocurrir en campaña nos faltaban víveres, Sócrates soportaba el hambre y la sed mucho mejor que todos nosotros, y si teníamos abundancia, sabía disfrutar de ella mejor que los demás. Sin ser amigo de la bebida, bebía más que ningún otro si le obligaban y lo que va a sorprenderos es que nadie le ha visto embriagado, y de esto me figuro que muy pronto vais a tener la prueba. En aquel país es el invierno sumamente riguroso y el modo de resistir Sócrates el frío era prodigioso. Cuando helaba más y nadie se atrevía a salir de sus alojamientos o si salía era muy abrigado, bien calzado y los pies envueltos en fieltro o en pieles de oveja, no dejaba de entrar y salir con la misma capa que tenía la costumbre de llevar, y con los pies descalzos marchaba más cómodamente sobre el hielo que nosotros que íbamos bien calzados, tanto, que los soldados le miraban con malos ojos, creyendo que los desafiaba. Tal fue Sócrates entre las tropas.

»*Pero ved lo que todavía hizo y soportó este hombre animoso*[26] durante esta misma expedición: el rasgo es digno de ser referido. Una mañana se le vio de pie entregado a una profunda meditación. No encontrando lo que buscaba no se marchó sino que continuó reflexionando en la misma postura. Era ya el mediodía; nuestra gente le observaba diciéndose extrañados unos a otros que Sócrates estaba desde muy temprano abstraído en sus pensamientos. Por fin, cuando ya había anochecido, los soldados jonios, después de haber cenado, armaron sus camas de campaña

26. *Odisea*, IV, v. 242.

cerca de donde él se hallaba para dormir a la intemperie, porque entonces era verano, y observar al mismo tiempo si pasaría la noche en la misma actitud, y en efecto, continuó estando de pie hasta la salida del sol, cuando, después de haber hecho su plegaria al astro del día, se retiró.

»¿Queréis saber cómo se conduce en los combates? Es una justicia que hay que rendirle todavía. En un hecho, todo cuyo honor me atribuyeron los generales, fue él quien me salvó la vida. Viéndome herido, no quiso abandonarme, y nos libró a mí y a mis armas de caer en manos del enemigo. Insistí entonces, Sócrates, cerca de los generales para que te adjudicaran el premio al valor, y este es un hecho que no podrás discutirme ni tratar de mentira; pero los generales, por consideración a mi categoría, quisieron otorgarme el premio y tú te mostraste más interesado que ellos en que me lo concedieran con perjuicio tuyo. La conducta de Sócrates, amigos míos, merece ser conocida también en la retirada de nuestro ejército después de la derrota de Delion. Yo estaba a caballo y él a pie y pesadamente armado. Nuestra gente comenzaba a huir en todas direcciones. Sócrates se retiraba con Laques. Los encontré y les dije que tuvieran ánimos, porque no los abandonaría. Entonces conocí a Sócrates mejor aún que en Potidea, porque estando a caballo tenía menos que ocuparme de mi seguridad personal. Desde el primer momento me di cuenta de que Sócrates era mucho más animoso que Laques; vi también que allí, como en Atenas, marchaba arrogante y con desdeñoso mirar,[27] para hablar como tú, Aristófanes. Miraba tranquilamente a los nuestros, lo mismo que al enemigo, y desde lejos se adivinaba en su continente que no se le acercarían impunemente. Y así se retiraron sanos y salvos él y su compañero, porque en la guerra no se ataca generalmente al que muestra tales disposiciones, sino más bien se persigue a los que huyen a toda velocidad de sus piernas.

»Podía añadir en alabanza a Sócrates un gran número de hechos no menos admirables, pero que también pueden ser contados de otros. Pero lo que hace a Sócrates digno

27. Expresiones aplicadas a Sócrates por el coro de *Las nubes*, de Aristófanes, v. 361.

de particular admiración es no tener semejantes ni entre los antiguos ni los contemporáneos. Podría comparársele, por ejemplo, con Brásidas o con tal otro, con Aquiles, Pericles, Néstor y Antenor, y hay otros personajes entre los cuales sería fácil establecer relaciones. Pero no se encontrará ninguno entre los antiguos ni entre los modernos que se aproxime en nada a este hombre en sus discursos y en sus originalidades, a menos de compararle, como he hecho, a él y a sus discursos, a los silenos y a los sátiros, porque me olvidé de deciros al empezar que sus discursos tienen también un perfecto parecido con los silenos: que se abren. En efecto, a pesar del deseo que se tiene de escuchar a Sócrates, lo que dice parece al principio completamente grotesco. Las expresiones de que reviste sus pensamientos son tan groseras como la piel de un impúdico sátiro; no os habla más que de asnos embastados, forjadores, zapateros y curtidores, y hace el efecto que dice las mismas cosas en otros términos de manera que no es de extrañar que al ignorante y al tonto le entren ganas de reír. Pero que se abra ese discurso y examine su interior y se encontrará en seguida que está lleno de sentido y después que es divino y que encierra las imágenes más nobles de la virtud; en una palabra, todo lo que debe tener presente ante los ojos el que quiera ser un hombre de bien. He aquí, amigos míos, lo que elogio en Sócrates y de lo que le acuso, porque he unido a mis elogios el relato de los ultrajes que me ha inferido. Y no soy yo solo a quien ha tratado así, porque también ha engañado a Cármides, hijo de Glauco; a Eutidemo, hijo de Diocles, y a una porción más de jóvenes aparentando ser su amante cuando más bien representaba cerca de ellos el papel del bienamado. Y tú también, Agatón, aprovéchate de estos ejemplos y procura no dejarte engañar a tu vez por este hombre; que mi triste experiencia te ilumine y no imites al insensato, que según el proverbio por la pena es cuerdo».

Cuando acabó de hablar Alcibíades, se rieron de su franqueza y de que parecía que todavía estaba enamorado de Sócrates.

Este tomó entonces la palabra: Me imagino que has estado sobrio esta noche, porque si no no habrías tratado el asunto con tanta habilidad, intentando desviarnos del verdadero motivo de tu discurso, motivo del que solo has hablado incidentalmente, como si tu único fin solo hubiera sido el que nos enemistásemos Agatón y yo, porque has pretendido que debo amarte y a nadie más y que únicamente tú debes amar a Agatón. Pero hemos descubierto tu ardid y visto claro la tendencia de la fábula de los sátiros y los silenos. Desbaratemos, pues, su plan, querido Agatón, y hagamos de manera que nadie pueda separamos al uno del otro. —Creo, en verdad, Sócrates, que tienes razón, dijo Agatón, y estoy seguro de que ha venido a sentarse entre tú y yo nada más que para separamos, pero no va a salirse con la suya, porque ahora mismo voy a ponerme a tu lado. —¡Muy bien!, dijo Sócrates; ven aquí a mi derecha. —¡Ves, Zeus, exclamó Alcibíades, lo que me hace sufrir este hombre! Se imagina que puede imponerme la ley en todo. Permite al menos, maravilloso Sócrates, que Agatón se coloque entre nosotros dos. —Imposible, dijo Sócrates, porque acabas de pronunciar mi elogio; ahora me toca a mí hacer el de mi vecino de la derecha. Mas si Agatón se coloca a mi izquierda, no hará seguramente de nuevo mi elogio mientras no haya hecho yo el suyo. Deja venir, pues, a este joven, mi querido Alcibíades, y no le envidies las alabanzas que estoy impaciente por prodigarle. —No hay medio de que me quede aquí, Alcibíades, exclamó Agatón; quiero cambiar de sitio para oírme elogiar por Sócrates. —He aquí lo que siempre sucede, dijo Alcibíades. Doquier se encuentre Sócrates, su único sitio está al lado de los jóvenes. Y ahora mismo ved ¡qué pretexto tan fácil y plausible ha encontrado para que Agatón se coloque a su lado!

Agatón se levantaba para sentarse al lado de Sócrates, cuando un alegre tropel se presentó ante la puerta en el preciso momento en que uno de los convidados se disponía a salir. Prodújose entonces un gran tumulto al entrar en la sala los recién llegados y sentarse alrededor de la mesa, y en el desorden general se vieron obligados los invitados a beber con exceso. Aristodemo añadió que Fedro, Erixímaco y algunos otros se marcharon a sus casas y que él se quedó dormido; y después de un largo sueño, porque en aquella estación las noches son muy largas, se despertó con la aurora al oír cantar a unos gallos.

Al abrir los ojos vio que los otros convidados dormían o se habían ido. Agatón, Sócrates y Aristófanes eran los únicos que estaban despiertos y vaciaban por turno una copa muy grande que se pasaban de uno a otro y de derecha a izquierda. Al mismo tiempo discurría Sócrates con ellos. Aristodemo no recordaba lo que hablaron, porque como acababa de despertarse, no había oído el principio, pero someramente me dijo que Sócrates había forzado a sus dos interlocutores a que reconocieran que un mismo hombre debe ser a la vez poeta trágico y poeta cómico, y que cuando se sabe tratar la tragedia según las reglas del arte, se debe saber igualmente tratar la comedia. Obligados a convenir en ello y no siguiendo más que a medias la discusión, se les empezaron a cerrar los ojos. Aristófanes fue el primero que se durmió; después Agatón, cuando ya era muy de día. Sócrates, después de haber visto dormidos a los dos, se levantó y salió como de costumbre acompañado de Aristodemo, fue al Liceo, se bañó allí y pasó el resto del día consagrado a sus ocupaciones habituales y no volvió a su casa hasta la noche para reposar.